Es sind die ohne Schuhe,
die jeden Weg mit uns gehen.
Es sind die ohne Geld,
die uns geben, was unbezahlbar ist.
Es sind die, die nichts versprechen,
die uns niemals enttäuschen.
Es sind die, die nichts besitzen,
die uns alles geben.

(inspired by Sylvia Raßloff)

Bolonka Zwetna

von der Empfindsamkeit der Hundeseele ...

... und der Liebe, die sie schenkt

ein Ratgeber mit Herz

by

Antonia Katharina Tessnow

Bibliografische Information der Deutschen Nationalbibliothek:
Die Deutsche Nationalbibliothek verzeichnet diese Publikation in
der Deutschen Nationalbibliografie; detaillierte bibliografische
Daten sind im Internet über http://dnb.dnb.de abrufbar.

TWENTYSIX – Der Self-Publishing-Verlag

Eine Kooperation zwischen der Verlagsgruppe Random House
und BoD – Books on Demand

© 2017 Antonia Katharina Tessnow

Herstellung und Verlag:
BoD – Books on Demand, Norderstedt

ISBN: 9783740734848

Leitfaden

Wir sind völlig allein auf diesem Planeten.
Von allen Lebensformen um uns herum
hat sich
- außer dem Hund -
keine auf ein Bündnis mit uns eingelassen.

(Maurice Maeterlinck, Belgischer Schriftsteller und Dramatiker)

Die Kinder des Kaisers

Unser deutscher Kaiser Friedrich der II. war nicht der erste, der erforschen wollte, welche Ursprache Menschen entwickeln, wenn sie keinerlei Stimulation aus der Außenwelt erhalten. Zu diesem Zweck veranlasste er ein Waisenhaus zu folgendem Experiment:

Man befahl den Ammen, 12 ausgewählte Neugeborene zwar zu füttern, sie zu windeln und mit dem Nötigsten zu versorgen, doch wurde ihnen jegliche Kommunikation und Interaktion mit den Kindern untersagt. Diese sollten - komplett auf sich gestellt - heranwachsen und man wollte abwarten, welche Art der Kommunikation und welche Ursprache sich natürlicherweise entwickelt.

Alle Kinder starben.

Doch woran?

Sie starben an fehlender Zuneigung, fehlenden Berührungen und fehlender Liebe. Isoliert und abgeschottet, ohne sensorische Reize und ohne ein zugewandtes Herz endete ihr Leben innerhalb kürzester Zeit. Ohne Ausnahme.

Ohne Liebe verkümmern Kinder, vereinsamen Alte und versinken Menschen in tiefste Depressionen. Dasselbe gilt auch für Hunde. Vor allem für eine Hunderasse, die für den Menschen gezüchtet wurde und davon lebt, bei ihm zu sein, Kontakt zu haben und geliebt zu werden.

Vor diesem Hintergrund sei dringend abgeraten, einen Bolonka Zwetna oder irgend einen anderen Hund zu sich zu nehmen, wenn man weder die Zeit noch die erforderliche Zuneigung aufbringen kann, um diesem Tier gerecht zu werden.

Zu einem guten Heim oder einer guten Hundebetreuung gehört wesentlich mehr als nur angemessene Fütterung genauso wie zu einer guten Zucht wesentlich mehr gehört als die Erfüllung des perfekten Rassestandards. Und andersherum: ein Hund ist nicht nur dann wertvoll, wenn er perfekt aussieht und alle Kriterien des Rassestandards erfüllt.

Kein Züchter der Welt kann immer garantieren, perfekte Hunde abzugeben, denn in der Natur steckt man nie drin. Auch aus der 'besten' Verpaarung 'perfekter' Elterntiere und nach noch so vielen tierärztlichen Untersuchungen ist nicht auszuschließen, dass sich bestimmte Dinge anders entwickeln als erhofft. Doch auch wenn ein Tier nicht hundertprozentig alle Idealvorgaben von Verbänden und Vereinen erfüllt, sollte sich jeder Hundekäufer darüber im Klaren sein, dass er ein Lebewesen zu sich nimmt, das mehr braucht, als das richtige Futter und sauberes Wasser.

Da der Bolonka als Schoß-, Schmuse-, Begleit- bzw. Gesellschaftshund gezogen wurde und es das Zuchtziel war, einen Hund zu schaffen, der den Kontakt zum Menschen sucht und braucht, ist es nicht ratsam, einen Vertreter dieser Rasse bei sich aufzunehmen, wenn man die hier beschriebenen Grundvoraussetzungen nicht erfüllen kann.

Ewig bleibt es unverloren,
was das Herz dem Herze gab.

(Albert Stifter, Österreichischer Schriftsteller,
Lyriker, Maler und Pädagoge)

Zum Geleit

Dieser kleine Ratgeber soll in kurzen und prägnanten Kapiteln das grundlegende Wissen um den Bolonka Zwetna im Speziellen und den Hund im Allgemeinen vermitteln. Ich möchte nicht lange herumreden oder mit überflüssigen Ausschmückungen die Seiten füllen. Wer zu den kurzen Überblicken im Buch rund um Rassestandard, Ernährung, Haltung oder Erziehung weiterführende Informationen wünscht, der sei auf das umfangreiche Angebot an Fachlektüre verwiesen, das der Markt heute zu bieten hat.

Zwischendurch werde ich immer wieder Bücher empfehlen, die im Quellenverzeichnis des Anhangs wiederzufinden sind, worauf mit kleinen Nummern hingewiesen wird.

Meine Hoffnung ist, mit diesem kleinen Ratgeber den Menschen für die Empfindsamkeit und das Seelenleben des Tieres zu sensibilisieren und ein ganzheitliches Verständnis von der Hundehaltung zu vermitteln, das eben nicht nur die rein körperlichen Bedürfnisse mit einbezieht, sondern auch den Geist und die Seele betrachtet.

Möge den aufmerksamen Leser die Botschaft von Mitgefühl und Nächstenliebe erreichen, die allein im Stande sind, das Herz für unsere Mitgeschöpfe zu öffnen.

Antonia Katharina
Altes Jagdhaus, den 20. August 2015

Tara, Zuchthündin aus dem Alten Jagdhaus
September 2015

****

Kynologie - die Lehre vom Hund

Der Begriff Kynologie, der international Verwendung findet und im Hundewesen oft auftaucht, sorgt immer wieder für Verwirrung. Was also bedeutet dieses Wort? Ursprünglich setzt es sich zusammen aus dem Griechischen *Kynos*, was Hund bedeutet, und *logie,* was Lehre, Sinn, Wort, Vernunft oder auch Rede heißt. (1)

Im Allgemeinen bedeutet Kynologie die Lehre von Rasse, Zucht, Verhalten, Pflege, Erziehung und Krankheiten von Haushunden. Zwar gibt es bekannte Kynologen, trotzdem ist 'Kynologe' keine geschützte Berufsbezeichnung. (2)

Obwohl diese Begriffserklärung ganz am Anfang zum allgemeinen Verständnis als Vorwort aufgeführt ist, so erhebt diese Lektüre keinen Anspruch darauf, eine wissenschaftliche Arbeit zu sein und soll im Weiteren vor allem kurzweilige Freude beim Lesen und langfristige Freude an der Rasse der Bolonkas bescheren.

Ich wünsche viel Freude und ein offenes Herz!

****

Einführung

Der Bolonka Zwetna ist eine seltene Hunderasse, die ihren Ursprung in Russland hat und erst seit kurzem in Deutschland anerkannt ist. Lange mussten die Anhänger in Europa auf eine Anerkennung des FCI hoffen, der Fédération Cynologique Internationale, dem größten kynologischen Dachverband mit Sitz in Belgien, ungeachtet dessen, dass diese Rasse über 100 Jahre alt ist und in Russland seit jeher ein hohes Ansehen genießt. Auch in der ehemaligen DDR war sie sehr populär, verschwand jedoch - wie so vieles andere auch - mit der Auflösung der Republik aus dem Gedächtnis vieler Menschen und verlor somit erheblich an Wertschätzung. 1991 erkennen erstmals außerhalb Russlands zwei der United Kennel Clubs in England den Bolonka offiziell als Rasse an. 1997 entsteht der definierte Rassestandard des Bolonka Zwetna und der russische Tsvetnaya Bolonka erhält noch im selben Jahr seine Anerkennung. Erst im Februar 2011 wurde der Deutsche Bolonka Zwetna vom Verband für Deutsches Hundewesen, dem VDH, ins Register aufgenommen, obwohl der FCI-Dachverband diese Rasse schon 2003 anerkannt und in die FCI-Gruppe 9 eingeordnet hat, die Gruppe der Gesellschafts- und Begleithunde. (3)

Hierzu zählen alle Bichons. Der Begriff 'Bichon' ist französisch und bedeutet 'Schoßhund', wozu nicht nur der Bologneser, der Havaneser, das Löwchen, der Malteser, der berühmte Coton de Tuléar oder der legendäre Bichon Frisé zählen, sondern auch der Bolonka Zwetna.

Der Bolonka Zwetna entstand aus einer Farbvariante des Bolonka Franzuska, der ausschließlich weiß ist und in der ehemaligen Sowjetunion als eigene Rasse geführt wird. Die offizielle Rassebeschreibung des Bolonka Zwetna dagegen besagt, dass Vertreter dieser Art nicht mehr als 20% Weißanteil im Fell haben dürfen. Der traditionelle Name Bolonka Zwetna, der direkt aus dem russischen übernommen ist, sagt es in der Übersetzung schon aus: Bolonka - Schoßhündchen, Zwetnaja - bunt.

Der kleine, bunte Schoßhund, der als Luxushündchen galt, war ursprünglich an den Höfen und in den Palästen des Zaren ein gern gesehener Gast. Der Beiname 'Zarenhund' kommt aus einer Zeit, in der diese wertvollen Rassehunde ausschließlich vom Hochadel Russlands und gesellschaftlich angesehenen Leuten gehalten wurden. Sie brachten Wärme und Herzlichkeit in die kalte Pracht der großen Paläste, die meist eisig waren; die kleinen Zarenhündchen rochen gut und waren immer sauber. Sie waren fröhlich, verspielt, lebensfroh, anschmiegsam und liebevoll. Sie boten das perfekte Pendant zur leblosen Etikette vergangener Tage und den starren Abhandlungen endloser Zeremonien; sie spendeten Lebensfreude und hauchten den erkalteten Herzen der Zarenfamilie Liebe ein bis es das Schicksal so wollte, dass die Dynastie der Zaren mit dem ersten Weltkrieg ein Ende fand und die gesamte Familie ermordet wurde.

Seit jeher ist es das Zuchtziel dieser Rasse, einen Schoßhund zu schaffen, einen Schmusehund, einen kleinen, treuen Begleiter des Menschen, dessen Lebensinhalt es ist, so nahe wie möglich bei seinen Bezugspersonen zu sein. Diese Hunde sollten umgänglich sein, nicht haaren und nicht riechen.

Liebevoll sollten sie sein. Keine Kläffer, keine Angreifer, keine Verteidiger sondern freundlich, friedliebend und still; anschmiegsam und liebevoll. Und hübsch anzuschauen. Der ideale Schoßhund eben, der einen über alles liebt und in den man sich einfach verlieben muss.

Ich selber habe mein Herz an diese Hunde verloren, führe seit mehreren Jahren eine kleine Zucht Bolonka Zwetnas und habe diese kleinen Tiere Tag und Nacht um mich. Und soweit ich diese Rasse kennenlernen durfte, kann ich sagen: das angestrebte Zuchtziel wurde erreicht.

Edda aus dem Alten Jagdhaus, Mai 2017

Zur Rasse

Der Bolonka ist eine Kreuzung aus mehreren Rassen. Hierzu zählen:

- der Toy-Pudel
- der Lhase Apsos
- der Shih-Tzu
- der Bijon Frisé
- der Pekinese
- der Bologneser

Der Rassestandard wird laut VDH folgendermaßen definiert:

Gesamterscheinung:

Kleiner, kräftiger, ausgewogener Hund. Etwas länger als die Widerristhöhe. Durch das üppige Haarkleid wirkt der Bolonka Zwetna adrett.

Erwünschte Widerristhöhe:

24 - 26 cm

Wesen:

Ausgeglichen, lebhaft, freundlich

Haarkleid:

Dicht, dick, üppig, seidig, weich und geschmeidig. Große Locken oder Wellen bildend. Große Locken werden bevorzugt. Gut entwickelte Unterwolle. Keine Scheitelbildung auf dem Rücken. Kopfbehaarung weist einen gut entwickelten Bart und Schnurrbart auf.

Farbe:

Bei dem Bolonka Zwetna ist jede Unifarbe außer weiß erlaubt: schwarz, black&tan, braun, braun&tan, grau, wolfsgrau, silber, rot, fawn, crème, Sattelzeichnung, brindle. Kleine weiße Abzeichen auf Brust und/oder Zehen werden toleriert.

Nia aus dem Alten Jagdhaus
Januar 2017

Die Ernährung

In den vielen Jahren, die ich nun mit Hunden lebe, habe ich einschlägige Erfahrungen mit unterschiedlichen Ernährungsweisen gemacht. Heute kann ich klar sagen, dass sich meine persönlichen Erfahrungen über die Grundlagen der Ernährung mit der Entwicklungsgeschichte der Bindung des Hundes an den Menschen decken.

Die Hunde suchten vor rund 20.000 Jahren die Nähe zum Menschen, da er Essensreste hinterließ - und die Menschen hießen den Hund willkommen, da er mit der Vertilgung der Nahrungsmittelreste Ungeziefer fernhielt. Über die Jahrtausende hinweg ergab sich eine innige Beziehung zwischen diesen beiden Spezies, die sich kontinuierlich erweiterte und vertiefte. Der Hund begann den Menschen zu schätzen, zu lieben und zu verteidigen; der Mensch dagegen ernährte den Hund und sorgte für sein Wohlergehen.

Die gesamte Ernährung ergibt sich demnach aus dieser Geschichte. Darum ist die Ernährung des Hundes eigentlich ganz einfach, solange man sich die Natur zum Vorbild nimmt und sich an ihr orientiert. Da Hunde Allesfresser sind und es nur ein paar wenige Dinge gibt, die sie *nicht* fressen sollten, macht es Sinn, sich die wenigen 'verbotenen' Nahrungsmittel einzuprägen und darauf zu achten, dass der Hund nach Möglichkeit mit diesen nicht in Berührung kommt.

Zu Durchfall und Erbrechen können folgende Nahrungsmittel führen:

- rohe Tomaten und Auberginen
- alle Zwiebelgewächse, auch Knoblauch
- Schweinefleisch
- stark gewürzte Speisen
- Salz in großen Mengen
- Zucker
- Kaffee, Kakao, Cola, Energydrinks, alle sonstigen zucker- oder süßstoffhaltigen Getränke, Alkohol
- Saucen, Marinaden, Ketchup etc.

- das Rauchen in geschlossenen Räumen in Anwesenheit von Hunden sollte generell vermieden werden! Es wird unter *'Ernährung'* aufgeführt, da die Giftstoffe im Rauch von Zigaretten, Zigarren, etc. vom Körper aufgenommen werden; zwar nicht über die selben Wege wie Nahrungsmittel, doch landen diese Stoffe ebenso im Stoffwechsel-System.

Diese Nahrungsmittel können mitunter tödliche Folgen haben:

- Schokolade
- Rosinen
- Weintrauben
- Geflügelknochen (da sie beim Zerbeißen splittern können)

- das Rauchen in geschlossenen Räumen

Grundsätzlich gilt:

!!! Alle chemiehaltigen Fertigprodukte sollten gemieden werden !!!

Dass man seinem Hund keine Medikamente, Zigarettenkippen oder sonstigen chemischen Müll verabreicht oder für das Tier zugänglich macht, sollte selbstverständlich sein. Bitte tun Sie Ihrem Liebling auch keine Geschmacksverstärker und all die anderen Inhaltsstoffe unaussprechlichen Namens an, die in natürlicher Form auf diesem Planeten nicht vorkommen.

Das Beste ist, was auch für uns Menschen gilt: eine ausgewogene Ernährung. Fleisch *muss* nicht den Hauptteil der Nahrung ausmachen. Es ist ein Irrglaube, dass Hunde *immer* Fleisch fressen *müssen*, so wie freilebende Wölfe in der Wildnis es tun. Es ist nicht einmal erwiesen, dass der Hund tatsächlich vom Wolf abstammt.

Da der Hund zum Menschen kam, weil er seine Essensreste vertilgte, haben Hunde in den allerwenigsten Fällen Fleisch gegessen. Denn das war zu den meisten Zeiten der Menschheitsgeschichte sehr rar bis nicht verfügbar und zudem viel zu wertvoll, als dass man es den Tieren überließ.

Zudem gibt es nicht einen einzigen Fall von freilebenden Hunden in Zweit- und Drittländern, in denen Menschen oder andere Säugetiere angefallen wurden, nur weil die Hunde ihre Gier nach Fleisch stillen mussten. Eher ist es die moderne Futtermittelindustrie, die uns Hundeliebhabern glauben machen will, dass unsere Lieblinge nur dann gesund leben können, wenn wir sie mit ihren Produkten füttern. Wie gesund diese Produkte wirklich sind, wird anschaulich und ausführlich in dem *'Schwarzbuch Tierfutter'* (4) dargestellt.

Anders als früher, ist es heutzutage kaum mehr ethisch vertretbar, Milchprodukte und Fleisch in *den* Mengen zu verzehren, wie wir es seit Jahrzehnten noch immer tun. Mehr als jemals zuvor konsumiert der Mensch Produkte, die von Natur aus niemals für den dauer- und massenhaften Verzehr gedacht waren. Nicht nur eine lange Liste von akuten und chronischen Krankheiten ist auf diese unnatürliche Art der Ernährung zurückzuführen, sondern auch der sogenannte 'Modern Colonialism', wie er anschaulich in dem Buch *'Die Botschaft der Tiere - Der Weg zurück zu uns selbst - Ein Wegweiser durch unsere Zeit'* beschrieben ist. (5)
Unsere Erste Welt macht sich Agrarflächen der Dritten Welt zunutze, um *die* Tiere mit dem Ertrag zu füttern, die am Ende als Schlachtvieh dienen. Die Flächen werden also genutzt, um unseren ausladenden und vollkommen übertriebenen Lebensstil auf Kosten derer zu ermöglichen, die selbst diese Flächen bräuchten, um sich und ihresgleichen zu ernähren - und nicht unser Schlachtvieh, an dessen Fleisch wir uns am Ende laben und es genießen. Wie viel Genuss der Verzehr solcher Nahrungsmittel heutzutage vor dem Hintergrund dieser globalen Situation tatsächlich bietet, ist in Frage zu stellen.

Wenn man heute über Ernährung nachdenkt, zieht das also eine lange Liste der Verantwortlichkeiten nach sich, ob man will oder nicht.

Nicht nur die Tonnen an Getreide, die für die Viehzucht verwendet werden, sollten überdacht und möglicherweise in Zukunft anders verteilt werden. Denn sie zeigen nach der Endbilanz ganz klar, dass von dem daraus produzierten Fleisch nicht annähernd die Menge an Nahrung hergestellt werden konnte, wie es das Getreide geboten hätte, wenn man es denn nicht den Tieren, sondern gleich dem Menschen zur Verfügung gestellt hätte. Sondern auch die Haltungsbedingungen, unter denen heute unsere Tiere ihr Dasein fristen, müssen in Betracht gezogen werden, denkt man heutzutage über Ernährung nach. Ebenso wie die Lebenssituationen, unter denen Nachwuchs aufgezogen wird - bis hin zu den Transporten in die Schlachthäuser der Ersten Welt, die für herkömmlich gehaltene Tiere die selben sind wie für das sogenannte Bio-Tier; von dem Vorgehen in den Schlachthäusern ganz zu schweigen.

Worauf will ich hinaus?

Die natürlichste Ernährung für uns wie für den Hund - ich rede nicht vom Wolf! - ist vor diesen Hintergründen eine nahezu vegane Ernährung. Das mag jetzt einige erstaunen, doch der Schluss ist nur logisch: Milch ist in der Natur nur der Aufzucht von Babys vorbehalten. Milch und Milchprodukte nach dem Säuglingsalter zu sich zu nehmen, ist einfach unnatürlich; und nur eine natürliche Lebensweise hat langfristig eine reale Überlebensperspektive für uns *und* die Natur.

Fleisch gab es seit jeher nur in Ausnahmefällen. Die Menschen haben das selten zu erhaltende Fleisch, damals noch frei von Medikamenten und sonstigen krankmachenden Substanzen, nicht an die Hunde verfüttert, während sie den Mais aßen, den sie vom Feld ernteten. Hunde bekamen vielleicht die Knochen zum Abnagen der letzten Reste. Ernährt wurden sie ansonsten vegan, mit Gemüse, Reis, Brot und allem, was sonst noch abfiel. Der Großteil der Nahrung für den Menschen bestand schlicht und einfach aus Getreide, Gemüse, Nüssen, Obst, Hülsenfrüchten. Und genau das bekamen auch die Hunde, die ja ihren Weg zum Menschen fanden, weil sie eben das aßen, was er übrig ließ.

Da Hunde Allesfresser sind, kann man sie ohne Probleme auch vegetarisch bzw. vegan ernähren. Das wurde praktisch Jahrtausende lang praktiziert. Da ich selbst Veganerin bin - nicht nur aus gesundheitlichen, sondern vor allem aus den oben genannten ethischen Gründen - praktiziere ich das auch an meinen Hunden, da ich finde, es entspricht unserer gemeinsamen Geschichte. Darüber hinaus kann ich nach meiner persönlichen Erfahrung bestätigen, dass meine Hunde, seitdem ich das Essen selber zubereite und sie nahezu vegan ernähre, auffallend wacher sind. Sie sind agiler, reagieren schneller, toben wesentlich mehr draußen herum und wirken im Ganzen gesünder als in einer Zeit, in der ich selbst noch täglich zur Dose und tierischen Produkten griff.

Wie sieht die Fütterung nun praktisch aus?

Es ist ratsam, vorerst den Züchter, der Ihnen den Welpen anvertraut hat, zu fragen, welches Futter er bisher gefüttert hat. Am besten, Sie lassen sich etwas von dem gewohnten Futter mitgeben und beginnen dann langsam, die Nahrung auf Vollwertkost umzustellen. Der Magen der kleinen Bolonkas kann sehr empfindlich sein. Diese Rasse ist ja nun schon klein und zierlich. Die Welpen sind demnach noch empfindsamer. Darum ist es am Ende auch so wichtig, sie gut zu ernähren.

Gemüse kann kleingeschnitten roh, geraspelt oder gekocht gegeben werden; Letzteres gilt insbesondere für Nüsse. Brot sollte allerdings nicht unbedingt frisch gebacken verabreicht werden, sondern Getreide sollte eher in Form von in Wasser gequollenen Haferflocken, die unters Futter gemischt werden, oder geröstetem Brot, gefüttert werden; in kleine Würfel geschnitten und in Öl angebraten; so wird es quasi getoastet. Das lieben meine Kleinen und stürzen sich praktisch drauf. Vor allem bei dünnen Hunden ist dies zu empfehlen.

Obst essen einige meiner Schätze ebenfalls gerne. Natürlich nicht in großen Mengen, doch ab und zu mal ein Happen mit ins Futter oder von der Hand gefüttert, lieben sie. Hierfür eignen sich vor allem Bananen, süße Birnen und Äpfel.

Meine besondere Erfahrung: Hunde *lieben* gequetschtes Gemüse mit Margarine. Dazu zählen vor allem Kartoffeln, Erbsen und Möhren. Aber auch frischer, angedünsteter Fenchel und geraspelte Möhren, sowie gekochte, rote geschälte Linsen eignen sich. Soja, Tofu, Sesam, Bulgur und auch Leinsamen, abends mit heißem Wasser aufgegossen und morgens fertig ausgeschleimt mit ins Futter gegeben, sind wertvolle Nahrungsmittel. Ihrer Phantasie sind keine Grenzen gesetzt! Dazu frisch duftende Nudeln - und die Klopperei um die leckere Mahlzeit geht schon los, bevor ich überhaupt die Küchentür geöffnet habe, geschweige denn das Essen abgekühlt ist. Lauwarm, wie für uns, kann die fertige Mahlzeit dann hingestellt werden.

Sojamehl, Kichererbsenmehl und Maismehl, mit warmem Wasser verrührt und einem Teelöffel Ahornsirup, lieben meine Hunde ebenfalls. Genau wie Nüsse, Nussmilch oder Hafermilch. Geben Sie einfach Nüsse Ihrer Wahl oder Haferflocken in einen Mixer mit warmem Wasser, mixen Sie es 2 Minuten durch und Sie haben die leckerste Milch überhaupt. Übrigens auch empfehlenswert für Sie selbst. Schmeckt sehr gut in Tee oder Kaffee und eignet sich hervorragend als Kuhmilchersatz. Und günstiger ist es ebenfalls.

Hunde dürfen auch gerne mal etwas Süßes, solange die Süße natürlich ist. Von Honig ist abzuraten, nicht nur wegen der Schärfe, sondern auch wegen der großen Bienenkrise, die in Teilen unserer Welt schon dazu führt, dass Menschen Blüten bestäuben müssen, um die Vegetation am Leben zu erhalten. Doch es gibt Alternativen wie Ahornsirup, Agavensirup, Apfeldicksaft und Kokosblütensirup. Natürlich in Maßen und nur ausnahmsweise!

Achten Sie darauf, was Ihr Kleiner besonders gerne mag und stimmen Sie die Fütterung nach Möglichkeit darauf ab. Liebe geht ja bekanntlich durch den Magen. Je besser das Futter schmeckt, umso glücklicher und fröhlicher wird auch Ihr Hund sein.

Ein sehr wertvoller Zusatz in jedem Futter ist - Öl. Ein gutes Pflanzenöl wie zum Beispiel Sonnenblumen-, Raps- oder Leinöl, enthält wertvolle Inhaltsstoffe, die zur Gesunderhaltung des Hundes nachhaltig beitragen. Auch über Öle gibt es hervorragende Fachlektüre auf dem Markt, die ich sehr empfehlen kann! Das Buch 'Heilsame Öle' ist ein kleines Standardwerk, das einen wunderbaren Überblick über die unterschiedlichen Öle und ihren Nutzen gibt und in keinem Bücherregal fehlen sollte. (6)

Beispiel:

- klein geschnittener, gewürfelter Tofu, geraspelte Möhren und etwas Sesam in einer Pfanne mit Öl angebraten.
- Nudeln, gekocht und mit einem Stück Margarine schmackhaft gemacht - Fett ist bekanntlich ein Geschmacksträger!
- Die Nudeln mit dem Angebratenen zusammengemischt und abgekühlt in einem Napf Ihrem Liebling hingestellt.

Lassen Sie sich nicht verunsichern, wenn Ihr Kleiner sich nicht augenblicklich auf das Fressen stürzt. Bolonkas sind ohnehin dafür bekannt, nicht immer alles zu fressen, sondern je nach Bedarf und Hunger die angebotene Nahrung aufzunehmen. Lassen Sie daher das Fressen für Ihren Kleinen gerne einfach stehen. Wenn Ihr Bolonka Hunger hat, wird er fressen. Es ist noch kein Hund vor einem vollen Napf verhungert!

Es gibt also im Grunde genommen nicht viel zur Ernährung des Hundes zu sagen. Das Einzige, wovon ich persönlich abrate, ist die Fütterung mit denaturierten Lebensmitteln, sprich Dosenfutter, und ausschließliche Trockenfutterernährung - und dabei gibt es mittlerweile nicht nur vegetarisches, sondern sogar veganes Trockenfutter. Das ist zwar das Einfachste für den Besitzer, lässt dem Tier jedoch niemals alle Nährstoffe zukommen, die es braucht - egal, was auf der Packung steht. Dasselbe gilt für ausschließliche Dosenfütterung. Auf das Thema Hundefutterdosen habe ich weiter oben ja schon hingewiesen und kann es nur wieder tun. Befassen Sie sich mit unserer heutigen Futtermittelindustrie, und Sie wissen, was man seinem Liebling besser nicht geben sollte.

Kaum ein Elternteil würde je auf die Idee kommen, seine Kinder nur mit Dosenfutter großzuziehen. Ähnlich ist es beim Hund. Der Inhalt der Hundefutterdosen ist voll von Abfällen aller Art und kann niemals enthalten, was ein Hund zur Gesunderhaltung wirklich braucht. Machen sie also nicht den Fehler und denken sich: 'Vielleicht ist das Fleisch im Supermarkt ja qualitativ nicht das Beste, aber in den Dosen ist es bestimmt hochwertig' - FALSCH!

Bereits benannte Bücher wie 'Katzen würden Mäuse kaufen, Schwarzbuch Tierfutter' beschreiben ziemlich konkret die dunklen Seiten der Futtermittelindustrie und die Autoren raten dringend davon ab, auf Fertigprodukte und industriell gefertigte Nahrungsmittel zurückzugreifen. (4)

Wer seinem Hund dennoch Fleisch füttern möchte, muss unbedingt auf die Qualität des Fleisches achten! Am besten eignet sich Rindfleisch. Vor allem Rinderbeinscheiben sind beliebt bei Hunden. Hier können sie am Knochen nagen und das Mark, das hochwertige Nährstoffe enthält, herausschlabbern.

Fleisch kann roh oder gekocht bzw. gebraten gegeben werden, wobei anzuraten ist, Geflügel grundsätzlich vor dem Füttern zu erhitzen, auch wenn das sogenannte BARFen immer populärer wird. Die Abkürzung leitet sich von dem englischen 'Biologically Appropriate Raw Food' her, zu deutsch 'Biologisch Artgerechtes Rohes Futter'. Diese Ernährung orientiert sich allerdings an den Fressgewohnheiten von Wölfen, die - anders als die Hunde - nie ihren Weg zum Menschen fanden, die nicht freiwillig von den übriggebliebenen und meist gekochten Essensresten lebten, die nie 'ein Bündnis mit dem Menschen eingegangen sind', und sieht ausschließlich Rohfütterung vor.

Die Qualität von rohem Geflügel aus dem Supermarkt ist normalerweise jedoch zur Rohfütterung ungeeignet, obwohl es in freier Natur sicherlich kein Problem für die Gesundheit der Wölfe darstellt, ein frisch gerissenes Huhn zu vertilgen. Leider sieht die heutige Qualität des Fleisches oftmals anders aus, was nicht nur mit fehlerhafter Haltung, schlechter Fütterung und übermäßiger Medikamentengabe zu tun hat, sondern auch mit den schrecklichen Lebensbedingungen, unter denen ein jedes Schlachttier zu leiden hat.

Es ist der Wissenschaft heute kein Geheimnis mehr, dass Tiere ähnlich fühlen und empfinden wie wir. Unglücklichsein, Angst und Depressionen schlagen sich hormonell im biologischen Gleichgewicht des Körpers nieder und setzen Stoffe wie Neurotransmitter und Hormone frei, die den gesamten Organismus negativ beeinflussen und die Gesundheit nachhaltig belasten. Dieser Giftcocktail findet sich dann in genau *der* Zusammensetzung im

Fleisch wieder, wie er zum Zeitpunkt des Todes im Organismus vorhanden war. Gesund ist anders. Und das gilt nicht nur für Rindfleisch, sondern Gleiches gilt für alle anderen Sorten Fleisch auch.

- Buchtipp - Peter Wohlleben, das Seelenleben der Tiere (7)

Eine gute Alternative für Fleisch, jedoch unbedingt in Maßen und nicht täglich gefüttert, ist Fisch. Ich nutze hierzu Thunfisch in Öl, den ich einmal in der Woche unter Reis mische. Meistens Sonntags. Als etwas ganz Besonderes, als Ausnahme und nicht als Regel; was es immer nur sein sollte.

Sollten Sie jedoch auf Dosenfutter zurückgreifen, dann beachten Sie, dass nach Möglichkeit Futter ohne Zuckerzusatz verwendet wird. Nehmen Sie das Fertigfutter nur als Grundlage und mischen Sie dann entsprechend Gemüse, Reis, Kartoffeln, Öl und alles, was Ihnen gerade so einfällt und erlaubt ist, unter.

Trockenfutter kann immer zum Knabbern bereit stehen. Allerdings nutze ich es nicht zur ausschließlichen Ernährung meiner Hunde. Es ist eher ein Knabberspaß für Nebenbei. Dafür eignet es sich auch hervorragend.

Für alle Ernährungsweisen gibt es genügend Vertreter, Anhänger und Verfechter. Welche Ernährungsweise Sie favorisieren, sei Ihnen überlassen. Probieren Sie aus, womit Sie und Ihr Hund sich am wohlsten fühlen.

Gibt es feste Zeiten, nach denen ein Hund sich richten sollte?

Wie bei vielen Themen scheiden sich auch hier die Geister. Ich bin der klaren Meinung: Nein! Eine der wunderbaren Seiten des Bolonka Zwetna ist, dass dieser Hund *nie* mehr frisst, als er braucht. Diese Hunde fressen nur, wenn sie wirklich Hunger haben. Da die Mutterhündin den Kleinen auch keine festen Essenszeiten vorschreibt, handhabe ich die Fütterung meiner Hunde wie beschrieben, ganz einfach: Zubereitetes Grundfutter aus Nudeln, Reis oder Kartoffeln, dazu Gemüse und hochwertiges Öl, stehen neben Trockenfutter zum Knabbern, und Wasser, immer bereit.

Seit Neuestem frisst meine frisch gebackene Mutter, Anique, die gerade ihre ersten Welpen zur Welt gebracht hat, immer nachts. Gut. Wenn das für sie so ist, dann soll es so sein. Ich möchte dem nicht im Wege stehen oder mir anmaßen, die natürlichen Bedürfnisse meines Hundes unter meine Herrschaft und Kontrolle zu zwingen. Ohnehin meine ich, es ist ein sehr menschenerdachtes Konzept - vor allem ein sehr deutsches Konzept! - künstlich Essenszeiten festzulegen. Denn heutzutage, im Zeitalter der globalen Vernetzung, weiß man: Es gibt ganze Zweige der Medizin, zum Beispiel das Ayurveda aus Indien, die propagieren, dass es am Gesündesten ist, zu essen, wenn man Hunger hat; und somit dem natürlichen Gefühl von Hunger und Sättigung die Regie zu überlassen, und nicht - wie es oftmals in der westlichen Welt praktiziert wird - dem analytischen Verstand, der alles regeln und festlegen will.

Erlauben Sie also Ihrem Hund, selbst zu wissen, wann es Zeit für ihn ist, Nahrung zu sich zu nehmen. Das ist mit Sicherheit der natürlichste und damit immer auch der gesündeste Weg.

*Der Mensch, der Tiere in Käfigen mästet
oder in engen Verliesen gefangen hält,
kann nicht an den paradiesischen
Urzustand der Schöpfung glauben.
Wenn er annimmt,
er wäre der alleinige Bewohner des Paradieses,
so verspielt er seine Verbindung zum Paradies
durch derart lebensverachtendes Handeln.*

*(aus "Es ist doch nur ein Hund" - Trauern um Tiere
Claudia Pilatus, Gisela Reinecke)*

Fellpflege

Gut eineinhalb Jahre nachdem ich meine erste Bolonka Zwetna Hündin zu mir genommen habe, entschied ich mich zu einer Ausbildung zur Hundefriseurin. Und das aus folgendem Grund:
Das Haarkleid des Bolonka ist eine Katastrophe. Nicht, weil es nicht schön anzusehen wäre. Es ist wunderschön! Nicht, weil es sich nicht gut anfühlt. Es fühlt sich himmlisch an. Doch der große Unterschied zwischen Bolonkas - das heißt, vielen Bichonrassen im Allgemeinen - und anderen Hunden ist: Sie haben Haare und kein Fell. Darum riechen diese Hunde auch nicht und sie haaren auch nicht. Sie zählen zu den nichtriechenden und nichthaarenden Hunderassen. Doch was ist so katastrophal an diesem Haarkleid?
Stellen Sie sich einfach vor, sie hätten etwas längere Haare, spielen draußen herum, wälzen sich in den Kissen und kuscheln auf der Couch - und kämmen sich eine Woche lang die Haare nicht. Das Ergebnis wird sein: ihre Haare sind so verfilzt, dass Sie sie praktisch abscheren können. Und genau das passiert leider bei vielen Bolonkas. Ich habe es nicht nur an meinen eigenen, sondern auch im Salon immer wieder erleben müssen. Die Haare an den Beinchen, unter dem Bauch, hinter den Ohren und an den Flanken waren dermaßen verfilzt, dass nur noch der 1 mm Scherkopf in Frage kam und das Tier nackig gemacht werden musste. Was weder für das Tier schön ist noch für den Besitzer. Zwar ist so eine Frisur die pflegeleichteste, aber sie sieht einfach nicht schön aus.

Viele Züchter verfahren so mit ihren Zuchthunden, da es das Unkomplizierteste und Pflegeleichteste ist. Ich persönlich finde diese Hunde mit angemessen langen Haaren jedoch schöner. Es muss nicht die Langhaarfrisur sein, bei der die Haare bis auf den Boden hängen und diese armen Tierchen praktisch keinen Schritt mehr machen können, ohne sich zu verheddern. Aber ein kleiner Puschelhund sollte es schon sein. Das schöne Fell sollte zur Geltung kommen. Wenn man allerdings die Puschelhund-Variante dem Nackt-Bolonka vorzieht, dann gibt es nur eine Lösung: Kämmen! Kämmen! Kämmen!

Das Fell *muss* in Schuss gehalten werden. Ein guter Züchter wird Ihnen beim Kauf eines Bolonka Zwetna Welpen genau erklären, wie Sie das Fell zu pflegen haben. Hier eine Kurzbeschreibung, die eine echte Demonstration jedoch nicht ersetzen kann:

Beginnen Sie bei den Hinterbeinchen, scheiteln Sie die Haare von oben nach unten und kämmen Sie jede einzelne Lage Haare bis zur Hüfte nach und nach durch. Dann arbeiten Sie sich nach dem selben Prinzip von hinten nach vorne bis zu den Öhrchen. An den Vorderbeinchen beginnen Sie wieder bei den Füßen und kämmen allmählich von unten nach oben, Lage für Lage, sorgsam durch.

Klingt einfach, wenn man nicht in Erwägung zieht, dass die meisten Tiere sich irgendwie winden, es als tolles Spiel betrachten, während des Kämmens in den Kamm zu beißen oder das Spiel 'Hundkämmen' frühzeitig beenden, weil sie schlicht und ergreifend keine Lust mehr haben. Dann sind *Sie* gefragt. Viel Spaß!

Sie können eingehend Ihren Züchter fragen, oder - sich einen guten Hundesalon in Ihrer Nähe suchen. Wenn Sie Ihren Liebling allerdings selbst frisieren möchten, dann verweise ich auf meine Youtube-Serie:

'Bolonka Zwetna Pflege'

Für alle, die wissen möchten, wie das Kämmen, waschen, Föhnen, Krallen- und Äuglein freischneiden und auch das Frisieren geht, habe ich versucht, so einfach und nachvollziehbar wie möglich Videos zu erstellen, die kurzweilig, unterhaltsam und informativ zugleich sind. Ob mir das gelungen ist, liegt an Ihnen zu entscheiden. Ich hoffe sehr, damit einen Beitrag geleistet zu haben, Ihnen die Fellpflege Ihres Bolonkas zu erleichtern., denn um das Thema Fellpflege werden Sie bei dieser Rasse nicht herumkommen.

Wie oft wasche ich meinen Hund und vor allem: Womit?

Da ich nicht nur Tierheilpraktikerin sondern auch Heilpraktikerin bin und seit jeher an der Natur und ihren Geheimnissen interessiert bin, habe ich mich in der Vergangenheit ausführlich mit dem Thema 'chemiehaltige Reinigungsprodukte' befasst. Das Resultat ist ein heilpraktisches Sachbuch zum Thema mit dem Titel 'HAIR - Alles über alternative Haarpflege.' (8) Anstelle einer Einleitung beginnt dieses Buch mit dem Kapitel 'Brauchen wir die Industrie oder braucht die Industrie uns?' Sie ahnen, in welche Richtung es geht?

Wir brauchen weder chemische Shampoos noch Spülungen oder sonstige, auf chemischer Grundlage hergestellte Reinigungsmittel, um uns zu pflegen und sauber zu halten. Das gilt in noch höherem Maße für die Tiere. Ich wasche meine Hunde so gut wie nie. Haben Sie allerdings einen Regenschauer erwischt oder kommen vollkommen verdreckt aus dem Wald oder vom Feld, ist das Abduschen mit reinem Wasser vollkommen ausreichend. Wenn Sie Wert drauf legen, dass das Fell weicher, leichter kämmbar und glänzender wird, dann spülen Sie die Haare nach dem Abduschen mit einer sogenannten 'Sauren Rinse' nach: Sie geben in einen Messbecher voll warmen Wassers einen kleinen Schuss Apfelessig und gießen das Gemisch nach dem Abwaschen einfach über den Hund. Sie tränken damit also noch einmal die Haare. Die Saure Rinse wird nicht wieder ausgespült. Der Geruch verfliegt beim Trocknen.

Drücken Sie vorsichtig das Wasser aus den Haaren, trocknen sie das Tier mit einem Handtuch ab und föhnen Sie es - am besten unter beständigem Bürsten der Haare, damit sie nicht verheddern und verfilzen. Fertig.

Vergessen Sie teure Hundeshampoos, -spülungen und all die anderen synthetisch hergestellten Chemikalien, mit denen Sie sich, Ihren Hund und das Grundwasser nachhaltig vergiften und schädigen. Wasser und Saure Rinse sind nicht nur die preiswertesten Lösungen, sondern auch die haut-, haar- und umweltfreundlichsten.

Für ausführlichere Informationen empfehle ich Ihnen das oben erwähnte Buch, zu dem Sie eine kurze Vorstellung im Anhang dieses Ratgebers finden.

Tools

Es gibt spezielle Bürsten für Hunde, die ich sehr empfehlen kann. Noch nützlicher sind allerdings die sogenannten Extension-Haarbürsten, auf die ich schon in meinem Haarbuch ausführlich eingegangen bin. Diese haben relativ weiche, lange Borsten und etwas kürzere, kleine. Ich nenne diese Bürste umgangssprachlich auch die 'Anti-Ziep-Bürste'. Ich nutze die größere Version für mich und die kleinere Ausführung für meine Hunde. Für ein erstes Bürsten, bevor ich mit dem Kamm zur Tat schreite, sind die Extension-Haarbürsten wärmstens zu empfehlen! Desweiteren gibt es Kämme, dessen Zinken sich drehen und somit ein übermäßiges Ziepen verhindern. Die Vorgehensweise ist Folgende:
Sie bürsten dem Hund erst, wie oben beschrieben, die Beinchen von unten nach oben, den Körper von hinten nach vorne mit der beschriebenen Bürste und wiederholen im Anschluss denselben Vorgang mit dem Kamm. Damit sollten alle Knoten und Verklebungen, falls welche vorhanden waren, entfernt sein.
Für hartnäckige Fälle gibt es sogenannte 'Entfilzer'. Entfilzer gibt es in jedem Tierbedarfsladen zu kaufen oder auch im Internet zu bestellen. Der Unterschied zu Kamm und Bürste ist, dass der Entfilzer statt Zinken kleine Messer hat, mit denen die Knoten und der Filz praktisch aufgeschnitten werden - was sehr hilfreich ist und die letzte Lösung vor der Schere und dem 1mm Scherkopf darstellt. Halten Sie dazu die Haare so dicht wie möglich an der Haut fest. Ziehen Sie *nicht* einfach den Entfilzer durchs Fell und reißen

dann an den Knoten. Ihr Hund wird sich das auch nicht gefallen lassen, denn das schmerzt ihn genau wie uns, wenn jemand an den Haaren zieht.

Gehen Sie trotz des aufwändig zu pflegenden Fells behutsam mit allen Tools um, denn auch mit diesen Dingen kann man die zierlichen Gelenke, die dünne Haut und die darunterliegenden sensiblen Knochen verletzen. Das Beste, was sie tun können: Kümmern Sie sich regelmäßig um das Fell Ihres Bolonkas und kämmen Sie Ihren Hund alle 2 - 3 Tage gründlich aus. Gut gepflegt fühlt sich Ihr Hund auch allgemein zufriedener. Und sieht am Ende noch hübscher aus, als er ohnehin schon ist.

Empfehlung: Youtube-Channel von
Antonia Katharina aus dem Alten Jagdhaus
Serie: 'Bolonka Zwetna Pflege' (9)

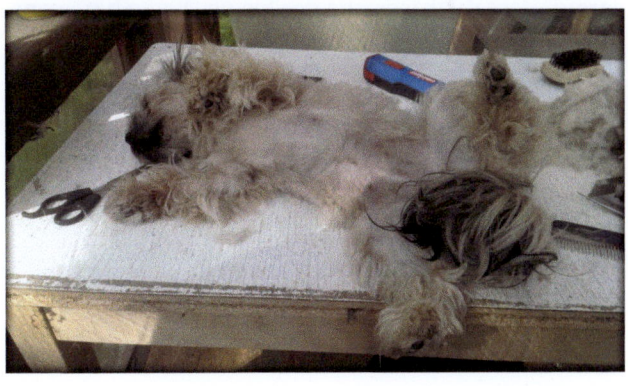

Fee vom Zarenhof Romanow
Sommer 2016
Sie fühlt sich auf dem Frisiertisch ganz offensichtlich wohl

Der Farbwechsel oder:
Das Überraschungspaket 'Bolonka Zwetna'

Die Farbe dieser kleinen Hunde kann sich noch bis zum zweiten Lebensjahr ändern. Das ist etwas ganz Besonderes bei diesen Tieren. Braun geboren bedeutet nicht, dass der Hund auch braun bleibt. Mona Mustopf zum Beispiel ist schwarz geboren und wurde silber. In dem Impfpass einer meiner anderen Zarenhunde steht 'Hündin schwarz-weiß'. Heute ist sie weiß-créme, zwischenzeitlich war sie weiß-silber. Eine Farbe kann sich entwickeln und wieder ändern. Die kleinen Zarenhündchen können hell geboren werden und nachdunkeln, dunkel geboren werden und aufhellen, aufhellen und wieder nachdunkeln. Bei diesen kleinen Überraschungspaketen ist so ziemlich alles möglich. Darum verlassen Sie sich nicht darauf, dass die Farbe, die der kleine Welpe hat, wenn Sie ihn abholen auch die Farbe sein wird, die er zwei Jahre später noch trägt. Bei den Bolonkas gibt es farblich keine Garantie, darum: Lassen Sie sich überraschen.

Wir schenken unseren Hunden
ein klein wenig Liebe und Zeit.
Dafür schenken sie uns restlos alles,
was sie zu bieten haben.
Es ist zweifellos das beste Geschäft,
was der Mensch je gemacht hat.

(Roger A. Caras,
Präsident des britischen Tierschutzes)

Gleiche Rasse - individueller Charakter

Die kleinen Zarenhunde gelten in der Regel als sehr lieb, verspielt und verschmust. Nichtsdestotrotz hat jeder Hund seinen ganz eigenen, individuellen Charakter. Nur weil sie derselben Rasse angehören, bedeutet das nicht, dass alle Vertreter dieser Rasse auch wirklich gleich *sind*.

Ganz im Gegenteil: Ich habe Tiere hier zu Hause, die unterschiedlicher nicht sein könnten. Ein Beispiel:

Mein erstes Hündchen, Serafina, hatte vom ersten Augenblick an ein großes Problem damit, alleine zu sein. Sobald ich das Zimmer verließ, weinte sie; konnte sie mich nicht mehr sehen, fing sie an zu piepsen; war ich nicht in Reichweite, drehte sie förmlich durch.

Meine dritte Hündin, Lucia, suchte sich bei ihrer Ankunft im Alten Jagdhaus erst einmal einen ruhigen Platz, wo sie alleine sein konnte und ihre Ruhe hatte. An den Charakteren beider Hunde hat sich bis heute nicht viel geändert.

Wie also geht man mit einem Welpen um, den man neu zu sich nach Hause geholt hat? Gibt es ein Patentrezept oder allgemeingültige Regeln?

Die Antwort ist: ja und nein.

Sie sollten sich auf jeden Fall *Zeit nehmen*, wenn Sie einen Welpen bei sich aufnehmen. Und das gilt nicht nur bei der Ankunft im neuen Heim sondern beginnt schon bei der Auswahl des Tieres. Schon an den Kleinen kann man feststellen, ob es eher ruhige oder aufgeweckte, lebhafte oder zurückgezogene Charaktere sind. Ist der kleine Rüde, den Sie so niedlich finden, ein Alpha-Rüde? Oder eher ein kleiner, stiller, der Anlehnung und Führung braucht und ungern selbst entscheidet? Ist die süße Hündin, die so niedlich herumtollt, eine Leithündin und will jederzeit ganz vorne mit dabei sein oder ist sie eher eine Ängstliche, die viel Schutz braucht?

Machen Sie nicht den Fehler und denken: *der* Welpe, der gleich auf mich zugestürmt kommt und mir auf den Arm springt, ist meiner. Großer Fehler! Denn das ist eher selten ein Zeichen von sofortiger Verbundenheit als eher ein Hinweis darauf, dass dieser Welpe die Führungs- und Leitrolle in dem kleinen Haufen Hunde hat. Und ein Alpha-Tier bei sich aufzunehmen birgt unter Umständen ganz eigene Probleme, vor allem dann, wenn schon andere Tiere im Haushalt vorhanden sind oder mit dem Gedanken gespielt wird, weitere Tiere bei sich aufzunehmen.

Meine geliebte Serafina, eine absolute Alpha-Hündin, will immer und überall dabei sein. Sie ist so eine starke Führungspersönlichkeit, dass sie keine andere Hündin neben sich gelten lässt und meine beiden Rüden ihr Davonkommen einzig und allein der Tatsache zu verdanken haben, dass sie sehr schüchtern und zurückhaltend sind - und somit Serafina in ihrem alleinigen Herrschaftsanspruch nicht in die Quere kommen.

Seit Serafina, die mein damaliger Partner sehr schnell und spontan ausgesucht hat, weil sie von allen Welpen 'die Lebendigste' war, suche ich mir meine Welpen immer sehr langsam und mit viel Bedacht aus. Ich gucke danach, wer sich gerade *nicht* hervortut, wer sich *nicht* in den Vordergrund drängt, wer still ist und nachgiebig. Denn in einem Rudel, wie ich es zu Hause habe, ist es von größter Wichtigkeit, dass die Dynamik stimmt. Querulanten machen oft Probleme.

Zu starke Persönlichkeiten eignen sich weniger für ein Rudel, denn sie zeigen oftmals Charaktereigenschaften, die zurückhaltende Tiere in nicht ganz so starkem Maße ausgebildet haben. Meine Serafina - stark in ihrem Charakter, wie sie nun einmal ist - stellt zwar im Punkto Treue und Unerschrockenheit alle anderen in den Schatten, denn gerade weil sie die Alpha-Hündin ist, gebührt *ihr* natürlich der Platz direkt neben der Chefin. Das bin ich (bilde ich mir zumindest ein). Mit ihr kann ich ohne Geschirr und Leine über den überfülltesten Weihnachtsmarkt laufen, Serafina ist und bleibt an meiner Seite und lässt mich keine Sekunde aus den Augen. Und sie hört aufs Wort. Nicht, weil ich sie lange und aufwendig erzogen habe, sondern weil die Verbindung zu mir so eng ist, dass wir uns aufs Wort verstehen. Ein unglaublicher Hund!

Aber im Rudel geht sie förmlich auf alles los, was ihrer Meinung nach ihre alleinige Führungsrolle gefährden könnte. Somit herrscht immer Unfrieden, wenn sich Serafina im Rudel aufhält. Sie kann sich nicht einordnen. Sie zwingt allen anderen ihre Herrschaft auf und provoziert förmlich andere zum Streit und Kampf - ganz so, wie es die leitenden Tiere in der freien Natur tun, um immer wieder klar zu stellen, wer der Kräftigste ist und damit am besten geeignet, dem Rudel das Überleben zu sichern. Am Ende musste ich sie schweren Herzens zu einer Freundin geben, denn der Aufbau eines friedlichen Rudels wäre mit ihr zusammen nicht möglich gewesen.

Nach welchen Kriterien also sucht man sich nun einen Hund aus? Fragen Sie Ihren Züchter nach dem Charakter der Welpen. Ein aufmerksamer Züchter wird Ihnen die Unterschiede beschreiben können; denn ein Züchter, der seine Welpen immer wieder beobachtet, weiß um die Dynamik der Gruppe. Er weiß, wer führt und wer sich zurückhält.

Dann schauen Sie sich die Welpen immer wieder an. Lassen Sie sich Videos schicken, wie die Kleinen miteinander spielen. Fahren Sie hin, wenn es Ihnen möglich ist, und nehmen Sie die Kleinen auf den Arm. Beobachten Sie die Tiere. Und entscheiden Sie nicht sofort. Schlafen Sie über Ihre Eindrücke und entscheiden Sie mit bedacht. Und am Ende - hören Sie auf Ihr Herz.

Ein Heim ohne einen Hund
ist nur ein Haus.

(Irisches Sprichwort)

Serafina und Mona Mustopf
oder:
Von besten Freundinnen und dicken Kumpelinen

Nach diesem Schema habe ich meine über alles geliebte Mona Mustopf ausgewählt, der dieses Buch gewidmet ist. Ein traumhaftes Hündchen, die mich im Laufe ihres Aufwachsens mehrfach um alle ihre vier Pfötchen gewickelt hat.

Sie war die zweite Hündin im Alten Jagdhaus und zog gute acht Wochen nach Serafina hier ein. Vom ersten Augenblick an waren die zwei ein Herz und eine Seele. Serafina, die starke Führung, und Mona Mustopf - wie der Name schon sagt - ihr immer auf den Fersen und froh, jemanden an ihrer Seite zu haben, an der sie sich orientieren konnte. Serafina wusste immer, wo es lang ging und Mona war ihr immer auf den Fersen, in totaler Hingabe an ihre Beschützerin. Sie stritten sich nie, denn diese beiden Charaktere waren wie füreinander geschaffen. Eine Leithündin und eine ängstliche Maus, die die Welt nicht verstand und sich alles zeigen ließ, was Serafina entdeckte.

Die beiden hier aufwachsen zu sehen, erfüllte mich mit so viel Freude, dass ich nach kürzester Zeit wusste: Ich möchte nie wieder ohne diese Hunderasse sein! Es war göttlich, wie sie umhergetollt sind und ihr Revier entdeckten, abends zusammen kuschelten und nachts direkt neben mir einschliefen.

Ihrer Tollpatschigkeit hatte Mona Mustopf es zu verdanken, dass sie beim Spielen von der Couch oder beim Einschlafen vom Stuhl fiel; Sie verhedderte sich in Vorhängen oder versuchte vergebens, das Spiel mit dem Ball zu verstehen, was ihr nie gelang. Am Ende führte eben diese Tollpatschigkeit die kleine Mona, unbedacht wie immer, diesmal nach wehenden Blättern haschend, unter die Räder eines vorbeifahrenden Autos.

"Ja, hab ich überfahren", warf mir der Fahrer nur kurz zu, der sich von dem vor Schmerz schreienden Hündchen nicht beeindrucken ließ, wieder einstieg und davonfuhr.

Wir rasten zum Tierarzt, rasten wieder zurück, rasten in die Klinik, wo die Röntgenbilder nicht nur ein vollkommen zertrümmertes Becken zeigten sondern auch schwer verletzte innere Organe.

Die Ärztin wollte den Fall noch dem Chirurgen vorstellen, und ohne mir darüber im Klaren zu sein, welch ein Urteil das Schicksal längst über meine geliebte Mona gefällt hat, willigte ich ein, bis zum kommenden Morgen zu warten. Doch der Chirurg konnte mir selbstverständlich auch nichts anderes mitteilen als was mir eigentlich schon am Abend zuvor hätte klar sein müssen: Es gab keine Rettung für meinen kleinen Engel.

Sturzbäche weinend fuhr ich am nächsten Morgen, zwei Tage nach Monas erstem Geburtstag, in die Klinik um meine Hündin töten zu lassen. Wenigstens halten wollte ich sie. Sie bei mir haben. Sie noch einmal sehen und mit ihr sein, wenn sie denn schon gehen musste.

Serafina war außer sich, als ich mit der toten Mona zu Hause ankam. Sie konnte überhaupt nicht verstehen, dass ihre beste Kumpeline nicht wach werden und mit ihr spielen wollte.

Wir warteten gute zwei Stunden auf den Totengräber, der ein Grab für die Kleine auf meinem Grundstück ausheben sollte. Zwei Stunden, in denen Serafina nicht müde wurde zu versuchen, ihre beste Freundin aufzuwecken und zum Herumtollen zu animieren. Sie weinte, stupste sie ununterbrochen mit der Pfote an, beschnüffelte ihre Nase, bleckte sie. Ihre Versuche, sie zu wecken und ihr Weinen nahmen die ersten eineinhalb Stunden zu, bis Serafina sich am Ende winselnd neben Mona legte und mit ihr kuschelte. Als das Grab dann ausgehoben war, musste ich Serafina festhalten. Sie wäre wohl mit hineingesprungen.

Mona Mustopf war die beste Freundin, die Serafina je hatte und die Einzige, die Serafina je an ihrer Seite akzeptierte. Sie war liebevoll und folgsam, immer ein wenig planlos und überglücklich über ihre beste Kumpeline, die immer wusste, wo es lang ging und ihr treu ergeben.

Serafina hat nie wieder eine Hündin an sich herangelassen und so in ihr Herz geschlossen wie Mona Mustopf. Ich weiß nicht, ob ich dasselbe von mir sagen kann, doch eines ist sicher: Nie wieder wird es eine geben wie sie. Weil sie einmalig war. So, wie alle anderen Hunde auch.

Rückblickend offenbart sich mir die alte Weisheit,
die in vielen Ländern der Welt
als stilles Geheimnis
über das Wesen der Hunde weitergegeben wird
und die Albert Stifter in einem Abschiedsbrief
im Jahre 1862 so formulierte:
'... und das gestorbene Tier
hatte nur einen einzigen Lebensinhalt,
in dem alles andere aufging:
seine Liebe zu mir.'

Wäre dies zu jener Zeit tiefer in mein Bewusstsein gedrungen,
ich hätte Mona Mustopf nicht eine Sekunde
aus den Augen gelassen.

Mona Mustopf
Juni 2013

Serafina
Januar 2014

Vom Abholen und Ankommen

Ist der Welpe dann endlich ausgesucht, ist es ratsam, ihn während der Ferien oder des Urlaubs zu sich zu nehmen. So können Sie das Tier im Blick behalten, es an seine neue Umgebung gewöhnen und ihm mit Ihrer Anwesenheit den Abschied von zu Hause erleichtern.

Auf der Heimfahrt sollten Sie den Kleinen entweder mit einer zweiten Person abholen, sodass sie ihn im Arm halten können, oder ihm eine Höhle - in diesem Fall eine Transportbox - zur Verfügung stellen, schön ausgepolstert, mit einer dicken Decke zum Einkuscheln. Bisher war der Welpe immer nur den warmen Körper und den Schutz seiner Mutter gewöhnt. Nun ist er zum ersten Mal allein. Es mag ihm Angst machen, rausgerissen aus der vertrauten Umgebung, weg von den Geschwistern und ohne Mutterschutz zu sein. Und bedenken Sie: Der Kleine fährt möglicherweise zum ersten Mal eine längere Strecke mit dem Auto, was seine Angst nicht unbedingt mindert.

Achten Sie deshalb am Anfang ganz besonders darauf, dass sich der kleine Welpe geborgen und beschützt fühlt. Stellen Sie ihm die Transportbox als Höhle zu Verfügung, in die er sich zurück ziehen kann und nehmen sie es ihm nicht übel, wenn er in den ersten Tagen nicht sofort freudestrahlend durch die Wohnräume hüpft. Natürlich kann man nicht sagen, dass jeder Welpe sich gleich verhält, denn der Abschied von der Familie wiegt bei dem einen schwerer als bei dem anderen. Aber spurlos geht er an keinem Hundebaby vorbei.

Darum ist es vor allem in der Anfangszeit wichtig, dass der Welpe nicht alleine ist. Der kleine Zarenhund ist sowieso nicht dafür geschaffen, alleine zu sein, darum sei an dieser Stelle wiederholt erwähnt, dass dringend davon abzuraten ist, einen Bolonka Zwetna zu sich zu nehmen, wenn man mehr als 4 Stunden am Tag nicht anwesend sein kann und das Tier alleine sein muss. Für diese Rasse kann das Alleinesein tödliche Folgen haben. Die Bolonkas gehen ein. Wie Blumen ohne Wasser.

Was gehört zur Erstausstattung?

Es ist nicht viel, was Sie bereit halten sollten, wenn der neue Mitbewohner heimkommt. Ratsam sind:

- Ein Kuschelplatz - hier gibt es eine große Auswahl an Körbchen, Kissen und Hundebetten. Wofür Sie sich entscheiden, liegt ganz in Ihrem Ermessen.
- Trink- und Fressnapf
- Geschirr und Leine - Für diese kleine Hunderasse bevorzuge ich eher ein Geschirr als ein Halsband. Das Halsband schnürt doch sehr ab und tut dem Bolonka mitunter weh. Es ist ja kein großer Kampfhund, der mit viel körperlicher Kraft im Zaum gehalten werden muss. Ein Geschirr ist wesentlich bequemer und angenehmer für den Zarenhund, der Ihre Seite ohnehin selten verlassen wird.
- ein paar alte Handtücher, mit denen Sie den Welpen abtrocknen können, wenn Sie aus dem Regen in die Stube kommen.

Ihr Repertoire an Hundezubehör wird sich im Laufe der Zeit ohnehin erweitern. Haben Sie den Kleinen im Blick und achten Sie darauf, was er noch brauchen könnte. Damit machen Sie sicher nichts falsch.

Die Haltung

Weiterhin gebe ich persönlich keine Patentrezepte oder Regeln für das Zusammenleben mit einem Hund. Das muss und sollte jeder alleine gestalten. Solange die Hunde immer Futter und Wasser haben, gepflegt sind und gesundheitlich betreut werden, solange sie nicht lange allein gelassen oder weggesperrt werden, solange sie geliebt und umsorgt werden, ist so ziemlich alles erlaubt.

Allerdings muss natürlich an dieser Stelle angemerkt werden: Der Zarenhund fühlt sich in der Nähe seiner Bezugsperson immer etwas sicherer. Viele von den kleinen Bolonkas haben große Verlassensängste, vor allem bei Dunkelheit, und es ist nicht ratsam, sie des Nachts alleine zu lassen und wegzusperren. Der geliebte Mensch sollte wenigstens in Reichweite sein, sodass es nicht ganz so gruselig ist, wenn es im Körbchen mal spukt.

Den Fressplatz verlege ich - je nach Witterung - von drinnen nach draußen. Keiner meiner Hunde hatte je ein Problem damit. Schlafen dürfen meine Tiere wo sie wollen. Ich habe Extraplätze für Hunde, Körbchen und Kissen auf dem Boden, sodass sie sich jederzeit zurückziehen können, wenn sie es denn wollen und brauchen. Aber wenn sie den Kontakt suchen, dürfen sie zu mir, auf meine Couch und nachts sogar neben mein Kopfkissen. Entscheiden muss das jeder selbst.

Tiere können nicht für sich selbst sprechen.
Deshalb ist es so wichtig,
dass wir als Menschen unsere Stimme für sie erheben
und uns für sie einsetzen.

(Gilian Anderson)

Beziehung vs. Erziehung die 1.

Erziehung im klassischen Sinn praktiziere ich bei meinen Bolonkas nicht. Ich baue zu jedem einzelnen Tier eine enge Bindung auf. Darum bleibt es auch bei mir und hört auf mich, wenn es notwendig ist. Wer Freude daran hat, seinem Hund kleine Kunsttücke beizubringen, kann das gerne tun - solange es spielerisch abläuft und nicht unter Zwang geschieht.

Es gibt sicher Hunderassen, bei denen eine konsequente Erziehung, ja sogar Besuche in der Hundeschule, sinnvoll erscheinen. Und auch zum Thema Hundeerziehung finden Sie eingehende Lektüre auf dem Markt, mit der Sie sicher besser beraten sind, als mit meinem kleinen Sachbuch. Doch bei den Zarenhündchen, den Bolonka Zwetnas, sehe ich nicht so viel Sinn darin, sie durch eine harte Schule zu schicken. Denn alles, was sie wollen und brauchen, ist die Zuneigung ihrer Bezugsperson, einen Platz zum Kuscheln, und am Besten einen Spielgefährten.

Womit ich zu einer sehr entscheidenden Frage komme:

Einen oder zwei Hunde?

In kurzen Absätzen werde ich Ihnen die Vor- und Nachteile dieser so wichtigen Entscheidung erläutern.

Der Nachteil:

Der Vorteil:

Hunde sind Rudeltiere. Es ist ein Irrglaube zu denken, dass allein der Mensch dem Hund alles bieten kann, was der Hund braucht. Das trifft nur auf ganz wenige Ausnahmen zu. Auch Serafina bildet hier keine Ausnahme. Wenn man mal beobachtet, wie zwei Hunde miteinander spielen und raufen, toben und sich gegenseitig jagen, wird schnell klar, dass das, was ein Mensch einem Hund geben kann, niemals ersetzt, was ein Hund einem Hund geben kann. Genauso kann ein Hund einem Menschen nicht den generellen Kontakt zu Menschen ersetzen. Irgendwann braucht man Artgenossen um sich. So sehr wir unseren Hund auch lieben und egal, wie intensiv wir uns um unser geliebtes Tier kümmern: wir, als Menschen, sind kein vollständiger Ersatz für einen Artgenossen.

Diese Wahrheit wollen Wenige hören, doch wenn man einmal genau darüber nachdenkt, ist sie einleuchtend. Das heißt jetzt allerdings nicht, dass jedes Einzelhündchen per se unglücklich ist. Doch idealer, artgerechter, besser als Einzelhund unter Menschen zu sein, die einen über alles lieben, ist es, mit einem Kumpel oder einer Kumpeline unter Menschen zu sein, die einen über alles lieben. Das ist einfach so. Alles andere ist leeres Geschwätz, Schöngerede und Augenwischerei.

Auch das Alleinsein ist nicht mehr ganz so problematisch, wenn der Bolonka einen besten Freund oder eine beste Freundin hat. Dann kann der Mensch auch mal einen halben Tag lang weg sein, Besorgungen machen oder sonstige unwichtige Dinge, die Menschen neben Kuscheln, Streicheln und

Füttern noch so tun, erledigen. Es ist für einen Zarenhund natürlich nie schön, ohne seinen Menschen zu sein. Aber es lässt sich besser aushalten, wenn man zu zweit ist.

Allein zu sein!
Drei Worte, leicht zu sagen
und doch so schwer,
so endlos schwer zu tragen.

(Adelbert von Chamisso,
Deutscher Naturforscher und Dichter)

Stubenreinheit

So gut wie jeder, der zum ersten Mal einen Welpen zu sich nimmt, fragt sich: wie bekomme ich den kleinen stubenrein?

Die Antwort ist ganz einfach: mit sanfter Konsequenz. Beginnen Sie, den Welpen alle zwei Stunden vor die Tür zu setzen bzw. mit ihm raus zu gehen. Nach Möglichkeit auch nachts! Sie müssen sich darauf einstellen, dass die ersten Nächte nicht besonders lang werden und Ihr Schlaf definitiv zu kurz kommt. Ich persönlich habe meine Welpen nachts immer bei mir gehabt, und wenn ich merkte, dass sie unruhig wurden, bin ich sofort aufgestanden und habe sie raus gelassen.

Behalten Sie Ihren kleinen Neuling im Blick und erwarten Sie keine Wunder. Die Tiere brauchen Zeit; der eine mehr, der andere weniger. Doch im Schnitt kann ich sagen, dass es bei meinen Hunden zwischen 3 - 5 Monaten gedauert hat, bis sie komplett verstanden haben, wo sie sich lösen dürfen und wo nicht. Beim Spielen, bei Aufregungen und bei unvorhergesehenen Situationen kann es immer mal wieder sein, dass die Babies 'undicht' sind. Auch wenn sie es doch schon längst begriffen haben!

Hier ist das oberste Gebot: Nicht aggressiv werden, nicht schlagen! Schimpfen Sie mit dem Kleinen und setzen Sie ihn sofort raus, wenn ein Unglück passiert. Und loben Sie ihn jedes Mal, wenn er draußen seine Geschäfte verrichtet. Damit das Tier den Unterschied merkt und begreifen kann, was es darf und was nicht. Übertriebene Härte ist nicht notwendig.

Tiere sind mehr auf Laute geeicht als auf Worte. Daher kann es sie durcheinander bringen, wenn man ein Wort, z.B. 'nein', als Schimpfwort wählt, das man im allgemeinen Sprachgebrauch auch immer wieder benutzt. Daher ist es ratsam, einen *Laut* als sogenanntes 'Schimpfwort' zu nutzen. Auf die Empfehlung eines Hundetrainers aus den USA nutze ich für meine Bande den klaren und unmissverständlichen Laut 'A-A-A'! Konsequent und laut gesprochen verstehen die Tiere sofort und genau. Da man solch einen Laut normalerweise nicht in umgangssprachlichen Konversationen nutzt, ist er durchaus sinnvoll.

Hier nun ein ganz kurzer Ausflug in die Anatomie und einer anatomischen Gegebenheit, der viel zu wenig Beachtung geschenkt wird:

Der Welpe befindet sich erst in der Entwicklung. Das bedeutet, dass nicht nur sein Gehirn noch nicht fertig ausgewachsen ist, sondern dass sich alle Muskeln, Sehnen, Knochen und inneren Organe im Wachstum befinden, wenn Sie ihn bei sich aufnehmen. Das gilt auch für die Reflexe, die sich erst ausbilden können, wenn die Entwicklung des Gehirns, des Nervensystems und dessen Reizleitung entsprechend abgeschlossen ist.

Der vordere, äußere Schließmuskel des Afters und auch des Harnganges unterliegen - beim Menschen wie beim Hund - dem bewussten Willen. Wir können also 'zukneifen', wenn wir das wollen. Der hintere, innere Schließmuskel allerdings unterliegt dem vegetativen Nervensystem und wird von diesem gesteuert. So kommt es zum Beispiel, dass wir uns bei Angst 'in die Hose machen', obwohl wir das nicht wollen. Erst, wenn das Gehirn die Areale für die

Reflexe soweit entwickelt hat, dass das chemische und elektromagnetische Reiz-Leitungssystem der Nerven auch funktioniert, wird ein Baby bzw. ein Welpe im Stande sein, unbewusst, reflektiv, also 'automatisch' auf seinen Drang zu reagieren.

Erschwerend kommt folgendes hinzu: wenn eine Situation emotional aufreibend ist - z.B. kommt das geliebte Frauchen oder Herrchen nach unendlichem Warten aus der Dusche oder vom Müllraustragen zurück - ist es gut möglich, dass durch die Endorphinausschüttung im Gehirn die noch unausgebildeten Reflexe nicht greifen und der Welpe pullert los. Aus Versehen. Vor Freude. Dasselbe passiert nach genau demselben Schema bei kleinen Kindern. Dafür kann ein Baby bzw. ein Welpe rein gar nichts! Halten Sie sich das immer vor Augen!!

Ein weiterer Grund des Pullerns-bei-Begegnungen kann sein, dass sich der Hund in einer unterlegenen Position sieht und dem anderen, den er als überlegen empfindet, seine Unterlegenheit demonstriert, indem er pullert. Damit sagt das Tier: 'Guck, ich bin noch ganz klein, bitte tue mir nichts!"

Ich habe eine bildhübsche Hündin, Samira, die jedesmal, wenn sie einem Hund begegnet, sofort alle Gesten der Unterlegenheit durchspielt. Und dazu gehört auch das Absetzen von Urin. Da meine Samira keine Alpha-Hündin sondern das absolute Gegenteil ist, weiß ich, dass das Zeigen entsprechender Gesten auch immer zu ihrem Charakter gehören wird. Sie ist eine kleine, schutzbedürftige Zarendame, ganz, ganz hinten in der Rangordnung angesiedelt, und das mit allem, was dazu gehört: sie ist still, manchmal etwas hilflos, braucht Führung und Orientierung, ist ängstlich, braucht Schutz, weint immer mal, wenn sie nicht weiß, was sie machen soll und macht ihre Stellung - genau wie ein Alpha-Hund auf seine Weise - auf ihre Weise sofort jedem klar. Gegebenenfalls auch den Menschen.

Wenn also jemand zu mir nach Hause kommt, versuche ich, die erste Begegnung entweder gleich draußen vor der Tür stattfinden zu lassen, oder - wenn der Besuch spontan vorbei kommt - sie wenigstens draußen in den gefliesten Flur zu verlegen. Denn Samira ist und bleibt Samira. Es kann sein, dass sie in erster Linie sofort allen zeigen muss, welche Stellung sie im Rudel hat. Und das kann bei einem Hund unter Umständen durch das Absetzen von Urin gezeigt werden.

Dazu kommt, dass sie sich in ihrer Welpenhaftigkeit bei tief berührenden Emotionen weniger unter Kontrolle hat als andere. Dann kann es durchaus passieren, dass ihr Unglücke passieren, wie sie eigentlich nur bei den Jüngsten vorkommen. Zu den tief berührenden Emotionen gehören der Schreck, die Angst, die Freude. Alles, was plötzliche Hormonausschüttung nach sich zieht, die immer bei Emotionen - vor allem bei plötzlich eintretenden - der Fall ist, birgt die Gefahr, dass es durch die unausgebildeten Reflexe zu einem Zwischenfall kommen kann.

Gehen Sie in solchen Momenten behutsam mit Ihrem Kleinen um! Wenn der Welpe vor lauter Glück über Ihre Wiederkehr aus Versehen Urin verliert, ist es nicht ratsam, den Kleinen sofort anzuschreien. Er wird es in solchen Augenblicken *nicht* verstehen, da das Tier nur sein Glück und seine Freude spürt und nicht das Pullern. Das bekommt der Kleine überhaupt nicht mit. Also lassen Sie in solchen Momenten

Behutsamkeit walten, freuen Sie sich mit dem Kleinen und beseitigen Sie das Malheur. Hier sollte die entstehende Bindung zum Tier nicht im Vorfeld schon zerstört werden, indem man mit unangemessenen Reaktionen langfristig mehr Schaden anrichtet als es ein paar Tropfen auf dem Boden tun.

Wussten Sie, dass bei einem Hund, wenn er seinen geliebten Menschen wiedersieht, dieselben Botenstoffe im Gehirn ausgeschüttet werden wie bei einem Menschen, wenn er verliebt ist? Ihr kleiner Hund ist total verknallt, wenn er Sie sieht. Da vergisst man so einiges und verliert vieles, das unter normalen Umständen wichtig erscheint, aus dem Blick. Das können Sie ihm doch nicht übel nehmen, oder?

Wenn Sie Ihr Welpe also scheinbar nicht verstehen kann, behalten Sie im Hinterkopf, dass die rein anatomische Entwicklung und der himmlische Ausnahmezustand des Verliebtseins es ihm möglicherweise noch gar nicht erlauben, sich so zu benehmen, wie Sie es sich wünschen.

Sollte sich der Kleine allerdings in gemütlicher, entspannter Atmosphäre auf den Wohnzimmerteppich knien, um seine Notdürftigkeiten zu verrichten, dann ist ein klares 'A-A-A'! angesagt und das sofortige Raussetzen. Allerdings nutzt eine Zurechtweisung auch wirklich nur dann, wenn Sie den Kleinen auf 'frischer Tat ertappen'. Sollten Sie feststellen, dass der Welpe ins Zimmer gemacht hat ohne es gesehen zu haben und schimpfen dann, kann es das Tier nicht zuordnen. Erzieherische Maßnahmen zum falschen Zeitpunkt verwirren den Welpen mehr als ihm beizubringen, sich an bestimmten Regeln zu orientieren und ihnen zu folgen.

Haben Sie den Neuankömmling dann raus gesetzt, loben Sie ihn sofort, wenn er sich - wie gewünscht - dort löst, wo er soll. Langfristig wird er das verstehen. Schließlich möchte er von Ihnen geliebt werden!

Woran erkenne ich, wann mein Welpe raus muss?

Die Kleinen fangen an, unruhig hin- und herzulaufen, immer mit der Nase auf dem Boden, eine Stelle suchend, wo sie sich lösen können. Das geht unter Umständen ganz schnell. Sollten Sie also das beschriebene Verhalten beobachten, dann warten Sie nicht! Nehmen Sie den Kleinen auf den Arm und ab nach draußen! Ziehen Sie sich nicht erst lange und in Ruhe Schuhe und Mantel an, denn darauf wird Ihr Bolonka nicht warten - können. Denn dafür ist er einfach noch zu klein. Größere Hunde, deren Gehirne voll ausgereift und deren Reflexe voll ausgebildet sind, können warten und auch mal aushalten. Babies können das nicht. Darin unterscheidet sich der kleine Zarenhund nicht wesentlich vom Menschen.

Samira aus dem Alten Jagdhaus, 10. Woche

Ich glaube,
ein Mensch
der gegen ein treues Tier ungerecht sein kann,
wird seinesgleichen gegenüber nicht gütig sein
und wenn man vor die Wahl gestellt wird,
ist es besser,
zu empfindsam
als zu hart zu sein.

(Friedrich der Große)

Beziehung vs. Erziehung die 2.

Ich meine, es ist sehr ratsam, nichts zu tun, was die Beziehung zum Tier nachhaltig zerstört. Dazu zählt übertriebene Härte, unangemessenes Schimpfen und unverhältnismäßiger Zorn. Das Tier liebt Sie und die Spezies Hund geht ganz in ihrer Liebe zum Menschen auf. Das macht diese Tiere so einmalig und liebenswert. Seien sie in Ihrer Erziehung konsequent, jedoch mit Sanftmut und Einfühlungsvermögen. 'Sanfte Konsequenz' nenne ich daher diese Vorgehensweise, die ich zu meinen berufsreiterlichen Zeiten schon praktiziert habe, und das meist mit entsprechendem Erfolg. Was mich direkt zum nächsten Punkt bringt:

Wollen Sie das Tier in seinem Wesen annehmen oder selber formen?

Diese Frage ist mir während der vielen Jahre Reiterei immer wieder durch den Kopf gegangen und im Grunde genommen kann man Menschen mit Tieren in diese zwei Kategorien einordnen: Es gibt solche, die ihr Tier so lassen, wie es ist und versuchen, entsprechend auf die individuellen Bedürfnisse des einzelnen zu reagieren; und es gibt jene, die einem Tier ihren Willen aufzwingen und es zu Leistungen treiben, die es eigentlich nicht will. Jene, die sich selbst durch die Leistungen, zu denen sie das Tier gezwungen haben, profilieren. Ich gehörte selbst einmal zu diesen Menschen. Ich komme ja aus dem Reitsport. Als ich jung war, habe ich Pferde trainiert und ausgebildet und mich 'gut' dabei gefühlt. Es hat 'mir Spaß gemacht' einem Tier Dressurlektionen beizubringen und am Ende bis in die höchsten Klassen auszubilden. Doch als ich einmal ganz oben angekommen war und alles geritten bin, was man reiten kann, begann ich, mich umzusehen und beim Beobachten der hammerharten Trainingsmethoden einiger alteingesessener Berufsreiter mich selbst in Frage zu stellen.

Am Umgang mit einem Tier offenbart sich der menschliche Charakter mehr als irgendwo sonst. Denn Tiere sind *immer* Unterlegene; sie sind immer in der schwächeren Position. Wir können sie quälen, drangsalieren und zu unseren Selbstzwecken missbrauchen - und zu Selbstzwecken zähle ich alles, was der Aufwertung des Ego dient. Also auch Prestige, Ansehen, 'Erfolgserlebnisse' auf Turnieren, auf Shows oder sonstigen öffentlichen Veranstaltungen, wo der Sieger bewundert und beklatscht wird und niemand fragt, wie die gerade gezeigte Leistung zustande kam. Nicht selten dient die Herrschaft über ein Tier dem Ausgleich eigener Mängel und Gefühlen von Machtlosigkeit und Unterlegenheit.

Ich habe das lange genug gesehen und viele Jahre hinter die Kulissen des ganz großen Sports geschaut. Und ich habe mich ganz bewusst abgewandt, als ich erkannt habe, dass ich diesen Missbrauch am Tier nicht länger ertragen kann und schon gar nicht den Erwerb meines Lebensunterhalts davon abhängig zu machen im Stande bin.

So habe ich mich von der Reiterei abgewandt und hatte mehrere Jahre mit tiefen Schuldgefühlen zu kämpfen, die berechtigt waren. Zwar habe ich nie einem Tier Gewalt angetan, aber ich war Teil eines Systems, das Methoden anwendet, die jeglicher Beschreibung spotten und dessen Ziel es ist, das Tier nicht nur zu domestizieren, sondern für die Selbstzwecke des Menschen zu missbrauchen. Das ist so und an dieser Wahrheit führt kein Weg vorbei.

Ich habe Pferde zerbrechen und in Depressionen fallen sehen, weil sie der Härte, die ihnen widerfuhr, nichts entgegenzusetzen hatten; körperlich ohnehin nicht, aber auch seelisch nicht. Sie sind innerlich zerbrochen, haben aufgehört zu fressen und gingen am Ende zum Abdecker. Weil sie für den Sport wertlos waren.

Heute denke ich, ein Pferd gehört auf die Weide, in sein natürlichstes Umfeld: die Herde. Fertig. Und mehr ist zum Thema 'Pferd' nicht zu sagen. Menschen haben auf diesen Tieren nichts verloren. Und wenn, dann nicht, um ihnen ihren Willen aufzuzwingen und Dinge von ihnen zu verlangen, die in sich selbst keinen Sinn haben, sondern um mit dem Tier zusammen zu arbeiten und seinen ganz individuellen Charakter zu respektieren. Denn das funktioniert auch - wenn nicht sogar tausendmal besser - als die Ausbildung unter Zwang.

Als ich aus der Berufsreiterei ausschied, arbeitete ich noch 6 Jahre lang im Olympiastadion Berlin und trainierte die Fünfkämpfer in der Disziplin Springreiten. Nach meinem freiwilligen Sozialen Jahr, das ich brauchte, um mein Gewissen zu beruhigen, stieg ich von einer ganz anderen Seite noch einmal in die Reiterei ein, mit der ich mir mein Studium finanzierte. Schließlich war das Ausbilden von Pferden alles, was ich bis dahin konnte.

Ich hatte kein allgemeingültiges Regelwerk für meine Schüler, das auf jedes einzelne Tier anzuwenden war. Was ich vermitteln wollte, war das:

Schaut, was ihr für ein Tier vor euch habt, versucht es zu erkennen und reagiert auf dieses ganz einmalige Wesen. Zwingt dem Tier nicht euren Willen auf, sondern arbeitet *mit* ihm und nicht *gegen* es. Wenn ein Tier nervös ist und Schutz braucht, dann gebt ihm euren Schutz. Wenn ein Tier länger braucht als andere um Vertrauen zu fassen, dann gebt ihm Zeit. Wenn ein Tier impulsiv und stürmisch ist, dann erlaubt ihm, seinen überschüssigen Elan abzubauen und seinen Bewegungsdrang auszuleben. Reagiert auf die Bedürfnisse des Tieres, nicht auf eure eigenen!

Warum komme ich an dieser Stelle auf meine Geschichten aus der Reiterei zu sprechen? Weil zum Thema Hundeerziehung eigentlich nichts anderes zu sagen ist als das: Reagieren Sie auf die Bedürfnisse Ihres Hundes und nicht auf Ihre eigenen! Versuchen Sie nicht, aus dem Tier etwas zu machen, was es nicht ist. Das kann verheerende Folgen für seine empfindsame Seele haben und damit für die Gesundheit des Tieres im Ganzen. Meine Lucia, die sich sofort zurückzog, als sie bei mir zu Hause ankam, nimmt sich bis heute ihre Ruhe, und die bekommt sie auch, denn sie scheint die Ruhe ja zu brauchen. Meine kleine Samira kommt auf den Arm, wenn sie mal wieder nicht weiter weiß und weint - und meine Serafina schlief bis zum letzten Tag - nicht selten laut schnarchend - direkt neben meinem Kopfkissen und war hellwach, wenn ich nachts mal raus musste. Sie wartete voller Erwartung, bis ich wiederkam - wenn sie nicht lieber gleich mit ins Bad marschierte. So ist das. Was soll man machen?

Ist nun ein Hund glücklicher als der andere? Ich denke nicht. Denn allen ist eines gemeinsam: Sie dürfen so sein, wie sie sind und werden in ihrer Natur nicht beschnitten oder gestört. Das ist mir bei der Entwicklung eines Tieres wichtig und der einzige und wichtigste Grundsatz, den ich hier weitergeben möchte.

Nia aus dem Alten Jagdhaus
Januar 2017

Wenn die Beziehung zu unseren Haustieren
zu voller Blüte gelangen soll,
'müssen', so die Mönche,
unsere Sensibilität und unser Bewusstsein gesteigert werden.
Die unsichtbare, nicht definierbare Strömung,
die wir Leben nennen,
muss Gegenstand unserer Liebe sein.
Wie wir selbst daran teilhaben, so auch andere Geschöpfe.
Aber wir Menschen allein
können die feinen Harmonien in der Partitur ausarbeiten.
Tun wir es,
werden wir unsere Welt wirklich erneuern und bereichern,
wenn wir auch jenes goldene Zeitalter
vollkommener Harmonie
vielleicht nicht wiedergewinnen werden.

(die Mönche von New Skete)

Die Natur des Hundes

Jeder Hund und jedes Tier, egal ob von unterschiedlichen Rassen oder derselben, haben ganz unverwechselbare Wesen. Doch nicht nur der Charakter unterliegt einer gewissen Natur, sondern auch das Verhalten und das Wesen. Pferde haben eine andere Natur als Hunde. Das klingt logisch, doch wie sieht diese Natur aus?

Der Hund ist ein Rudeltier. Er fühlt sich also unter Artgenossen am wohlsten. Allerdings gibt es beim Hund eine Besonderheit, die das Zitat am Anfang so treffend ausdrückt: er sucht als einziges Tier die nahe Bindung zum Menschen.

Pferde kann man auf die Weide lassen, und sie fühlen sich unter ihresgleichen wohl. Kühe ebenfalls. Auch Katzen können zwar eine Beziehung zum Menschen aufbauen, suchen aber von Natur aus eher selten den Kontakt. Nicht, dass eine Stubenkatze keinen Kontakt suchen würde; das meine ich nicht. Aber die Wildkatze, die freilebende Katze, Katzen auf dem Land, die es gewohnt sind, draußen zu leben, in Ställen und Scheunen umherzustreunen und Kleinsttiere zu fangen, suchen selten den direkten Kontakt zum Menschen, sondern flüchten meist vor ihm. Es ist eher eine Seltenheit, dass eine freilebende Katze zum Menschen kommt, ihm folgt und bei ihm bleibt. Und Wölfe wollen gleich gar nichts mit dem Menschen zu tun haben.

Natürlich kann man auch zu Pferden eine sehr enge Beziehung aufbauen. Das habe ich selbst erlebt. Doch in der Regel brauchen solche Tiere den Menschen nicht. Wenn das Pferd erst einmal auf der Weide steht, fressen kann, Artgenossen um sich hat, kann der Mensch auch gehen. Das Pferd weint nicht oder wartet stundenlang, bis der Mensch wiederkommt. Beim Hund ist das anders.

Der Hund liebt Menschen, folgt ihnen und möchte nicht ohne ihn sein. Das macht sein Wesen so besonders. Es ist eben nicht wie bei anderen Säugetieren, die sich unter ihresgleichen *so* wohl fühlen, dass sie die Nähe zum Menschen nicht brauchen. Auch wenn ein Hund mit einem Artgenossen weniger alleine ist, so bedeutet das nicht, dass er seinen Menschen nicht vermisst. Der Hund leidet, wenn der Mensch nicht da ist. Ein Artgenosse macht dieses Leiden nur erträglicher.

Es entspricht der Natur unserer Schoßhunde, dicht und nahe bei dem Menschen zu sein. Es entspricht allerdings auch seiner Natur, sich draußen zu bewegen. Es entspricht seiner Natur, unterschiedliche Gerüche wahrzunehmen und ihnen nachzugehen. Das Schnuppern an den Hinterlassenschaften anderer Tiere ist eine Instinkthandlung, denn das markanteste Zeichen, dass ein Tier setzen kann, ist eine Markierung durch Geruch.

Hunde schnuppern nicht nur an Fäkalien, sondern essen teilweise auch davon. Das ist in unserer Vorstellung so ziemlich das Abartigste, was man machen kann. Für den Hund bedeutet das aber: Er nimmt auf diesem Wege Enzyme zu sich, die er selber nicht produzieren kann. Das gilt vor allem für den Kot von Pflanzenfressern, insbesondere Pferden. Es ist in dem ursprünglichen Hund, auch den Schoßhunden, angelegt, ganz besondere Nährstoffe auf diese Weise zu sich zu nehmen. Wollen Sie also Ihrem Kleinen bei einem Waldspaziergang gerecht werden, lassen Sie ihn gewähren, wenn er beginnt, an solchen Dingen herumzuknabbern. Das schadet nur uns Menschen in unserem ästhetischen Empfinden. Dem Tier schadet es sicher nicht, ganz im Gegenteil: die Enzyme, die es auf diese Weise zu sich nimmt, sind hervorragend für den Magen-Darm-Trakt und die Verdauung der eigenen Nahrung.

Nicht nur Welpen, sondern auch ausgewachsene Hunde schlafen bis zu 18 Stunden am Tag - und lieben Höhlen. Höhlen gleichen sozusagen einem Bau, in dem etliche kleine Vierbeiner in der Natur leben; der Hund liebt kleine Höhlen, in die er sich verkriechen kann. Es gibt auf dem Markt wunderbares Zubehör für Hunde, unter anderem Transportboxen, die man - mit Decken oder Fellen zurechtgemacht - hervorragend in kleine Höhlen umfunktionieren kann.

Das Ruhebedürfnis der Hunde sollte nicht gestört werden. Und wenn sie die Dunkelheit suchen, dann sollte ihnen das auch gewährt werden. In der Dunkelheit reagiert der Körper des Hundes noch einmal ganz anders als bei Tageslicht - ähnlich wie bei uns Menschen. Wir brauchen die Dunkelheit für die Melatoninproduktion, ein Hormon, das nicht nur als Schlaf- und Entspannungs- sondern auch als Verjüngungshormon gilt.

Außerdem ist der Schlaf wichtig für die Entwicklung des Gehirns. Werden kleine Hunde in der Wachstumsphase kontinuierlich am Schlafen gehindert, kann das ihre Entwicklung nachhaltig negativ beeinflussen.

Die Sache mit der Ignoranz

Was hat es damit auf sich, dass diverse Hundetrainer und Experten immer wieder dazu raten, seinen Hund in bestimmten Situationen zu ignorieren? Ist das wirklich hilfreich oder schadet es eher?

Die Antworten auf diese Fragen findet man in der Psyche des Hundes bzw. in der Psyche der Besitzer. Wir Menschen können uns natürlich gar nicht vorstellen, dass es nicht verletzend ist, ein geliebtes Wesen zu ignorieren - vor allem dann nicht, wenn es eigentlich gar nichts 'Böses' getan hat.

Der Klassiker: Das geliebte Hündchen begrüßt sie stürmisch, springt an Ihnen hoch und beschmutzt jedem als Willkommensgruß erst einmal die frisch gewaschene Kleidung. Oder Ihr Liebling bringt Ihnen freudestrahlend sein Spielzeug in einem Moment, in dem Sie überhaupt keine Zeit haben, sich damit zu befassen. Meist setzt sich dann folgender Kreislauf in Gang: 'Jetzt ignoriere ich meinen Liebling, was ihn bestimmt verletzt. Ich will ihn aber nicht verletzen. Ich liebe ihn doch!' Mit traurigen Augen guckt sie Ihre Fellnase an. Sie können sich vor Schuldgefühlen nicht mehr auf Ihre eigentliche Tätigkeit konzentrieren, brechen ab, spielen oder lassen sich eben die Kleidung besudeln. Im schlimmsten Fall können Sie Ihr Tun nicht unterbrechen und Sie fahren mit schlechtem Gewissen und bedrückendem Gefühl fort. Doch wie sieht aber der Hund das?

Im Tierreich ist Ignoranz nichts anderes als ein Mittel zur Kommunikation. Mehr noch: Es macht dem anderen klar, wer führt, wer der Chef ist und bei wem man sich sicher fühlen kann. Wenn Sie jedem

Drängen, auf Grund Ihres schlechten Gewissens, nachgeben, versteht Ihr kleiner Bolonka, dass *er* demnach das Sagen und damit auch die Verantwortung hat. Er führt also das Rudel an. Was für ein Stress!

Kommt er aber zu Ihnen und sieht: 'Ok, Chef ignoriert mich, das heißt: Es ist alles in bester Ordnung! Ich kann schlafen gehen und mich entspannen', wird Ihr kleiner Schatz ein viel ruhigeres Leben führen. Sobald Sie ihm jedoch durch permanentes Nachgeben auf seine Forderungen zu verstehen geben, dass *er* derjenige ist, der die Entscheidungen trifft, wird er sich auch in allen anderen Bereichen des Lebens unter dem Druck sehen, Entscheidungen treffen zu müssen. Das beginnt beim Anbellen und Hochspringen an Besuchern und hört beim Weglaufen und Nichthören noch lange nicht auf. Denn auch beim Gassigehen und in freier Natur wird Ihr Hund dann eigene Entscheidungen treffen und sich praktisch fragen: 'Warum soll ich jetzt auf jemanden hören, der sonst auf *mich* hört?'

Darum ist die Sache mit der Ignoranz folgendermaßen zu verstehen: Es ist ein sehr vermenschlichter Gedanke, wir würden unsere Hunde *so* verletzen wie *wir* verletzt wären, wenn ein lieber Mensch uns einfach ignoriert. Eben das ist der Irrtum! Es verletzt die Hunde nicht! Ignorieren ist schlicht und ergreifend ein Mittel der Kommunikation aus dem Tierreich und gibt Ihrem Vierbeiner zu verstehen, dass *Sie* die Entscheidungen treffen und er sich voll und ganz auf Sie verlassen kann. So wird er anfangen, Ihrer Führung zu vertrauen und auch eher hören, wenn Sie mit ihm draußen sind und ihn zu sich rufen. Und Ihr kleiner Zarenhund wird es Ihnen tausendfach danken und sich selig und wohl in dem Gefühl entspannen, jederzeit geborgen, beschützt und sicher geführt zu sein.

Igor aus dem Alten Jagdhaus
September 2017

Muss ich mit meinem Hund spazieren gehen oder reicht es, wenn ich ein Grundstück mit Garten habe?

Generell ist es von Vorteil, wenn das Tier immer wieder neue Eindrücke sammeln, neue Gerüche kennenlernen und ihnen folgen kann. Pauschal gilt die Regel: Je mehr Eindrücke der kleine Hund sammeln kann, umso umfangreicher und besser die neuronale Vernetzung im Gehirn. Je umfangreicher und besser die neuronale Vernetzung im Gehirn, desto höher die Intelligenz. Wenn Sie also einen schlauen Hund haben wollen, dann erlauben Sie ihm, Eindrücke zu sammeln. Das bedeutet nicht, dass Sie ihn reizüberfluten sollen. Doch ein bis zwei tägliche Spaziergänge - ob man nun ein Grundstück hat oder nicht - im Wald, auf dem Felde, im Park oder den Wiesen, bei denen er ungehindert die Welt entdecken kann, sind von großem Vorteil für die Entwicklung des Heranwachsenden.

Bei ausgewachsenen Hunden erhält es die Gesundheit. Außerdem lässt die Neugier selten nach und neue Eindrücke zu sammeln schult ein Leben lang die Intelligenz und den Geist, wie man umgangssprachlich sagt. Rein physiologisch entstehen neue Verbindungen im Gehirn und das bestehende neuronale Netz wird genutzt und im besten Fall immer wieder gefordert - und somit erhalten. Im Ergebnis sind solche Hunde einfach schlauer als jene, die nie die Möglichkeit bekommen, sich frei zu bewegen und den Eindrücken, die sich ihnen bieten, nachzugehen und die Welt für sich zu entdecken.

Mitleiden und Mitempfinden ist die Einstellung
gegen Verdinglichung und Verrohung.
Arthur Schopenhauer bezog sich ausdrücklich auf Mensch
und Tier,
als er darstellte, dass Mitleid
aus der Verbundenheit zwischen den Lebewesen resultiert,
die sich mit anderen identifizieren.
Denn 'dann erblicke ich ihn nicht mehr als ein mir Fremdes,
Gleichgültiges, von mir gänzlich Verschiedenes;
sondern mit ihm leide ich mit,
trotz dem, dass seine Haut meine Nerven nicht einschließt'.

(aus 'Es ist doch nur ein Hund – Trauern um Tiere')

Die Hausapotheke

Über eine gute Hausapotheke könnte man ein komplettes Buch schreiben. Hier sei nur soviel gesagt: Hunden schadet nicht, was uns Menschen hilft. Es muss nicht immer sofort Chemie sein, die dem Tier verabreicht wird, sollte es mal irgendwelche Symptome zeigen. Heilpraktisch gibt es hervorragende Methoden zur Unterstützung von Heilungsprozessen, die durchschlagende Wirkungen haben.

In meinem Studium der Tierheilpraktik, das von einer Tiermedizinerin mit eigener Praxis und langjähriger Erfahrung geleitet wurde, lernten wir unglaublich viel über Pflanzenheilkunde, Homöopathie und Bachblüten. Ich kann Ihnen durchaus empfehlen, sich hierüber einen der vielen auf dem Markt angebotenen Ratgeber zu besorgen und sich zu belesen. Das kleine Buch 'Naturheilpraxis Hunde, Schnelle Selbsthilfe' von Petra Stein ist eines, das dem Interessierten einen kurzen und knappen Überblick über Krankheiten und entsprechende Behandlungsmethoden gibt. (10) Auch ganz hervorragend ist das Buch 'Bach-Blüten für Hund und Katze, Lernen mit Cartoons' nach dem Motto: Humor ist die beste Eselsbrücke. (11)

Wie verabreiche ich Medikamente?

Die effektivste Methode, die ich beim Verabreichen von Tabletten normalerweise anwende, ist die des Zerstampfens und Pulverisierens. Das Pulver wird anschließend in Wasser aufgelöst, in eine kleine

Spritze gezogen - selbstverständlich ohne Nadel - und dem Hund vorsichtig ins Maul gespritzt.

Flüssige Medikamente verabreicht man ebenfalls mit einer kleinen Spritze.

Tee kann in Form frischer Blüten übers Futter gegeben werden, egal ob Kamillenblüten zur Beruhigung oder Minzblätter zur Unterstützung von Atemwegsinfekten.

Tropfen können direkt ins Maul gegeben oder aber auf ein kleines Leckerli geträpfelt werden.

Nicht ratsam ist es, Tropfen oder Tee ins Wasser zu geben, denn es kann sein, dass Hunde die gegebene Medizin ablehnen und im Ergebnis zu wenig trinken, was nie gut ist.

Was gehört zur Grundausstattung?

Rescue-Tropfen (Bachblüten) - die bei so ziemlich jeder Erstversorgung gegeben werden können.

Traumeel - unterstützt innere und äußere Heilungsprozesse bei Verletzungen und Entzündungen. Traumeel gibt es als Tabletten und in Ampullen.

Kohletabletten - helfen gegen Durchfall

Kamille - wirkt beruhigend, als kalten Tee auf Wunden aufgetupft desinfizierend, trocknend, fördert die Wundheilung.

Schwarzer Tee - wirkt juckreizlindernd und fördert ebenfalls die Wundheilung

Spritzen - zum Verabreichen von Tabletten oder Tropfen

Desinfektionsspray

Mullpads zum Reinigen von Wunden (keine Watte, denn Watte hat die Eigenschaft zu fusseln und verschmutzt damit die Wunde eventuell mehr als sie zu säubern)

Bachblüten - unsere Tiermedizinerin schwor auf Bachblüten! Diese Tropfen helfen dem Hund nicht nur in unterschiedlichen Gemütsverfassungen sondern auch bei diversen Krankheitszuständen. Belesen Sie sich. Es lohnt sich!

Allerdings ist es nicht immer erforderlich und notwendig sofort zu reagieren und jedes Symptom umgehend zu unterbinden. Durchfall kann auch entgiftend sein. Es ist nicht ratsam, ihn immer und sofort mit einer synthetisch hergestellten Chemikalie zu stoppen. Dasselbe gilt für Erbrechen.

Hunde fressen Gras um zu Erbrechen, genau wie Katzen. Damit reinigen sie sich von innen. Lassen Sie die Tiere gewähren und versuchen Sie nicht, dem Hund sein natürliches Verhalten abzugewöhnen. Er wird es nicht verstehen. Sie werden nur unnütz Energie verschwenden und am Ende können Sie es ohnehin nicht verhindern.

Zum allgemeinen Verständnis sei folgendes Symptom erläutert: Gähnen. Gähnen ist eine sehr missverstandene Geste. Gähnen bedeutet nicht unbedingt, dass der Hund müde ist sondern zeigt auch, dass er unter Stress steht. Darum gähnen Hunde oft auf dem Behandlungstisch bei Tierärzten, in fremder Umgebung, oder in Situationen, von denen man meinen könnte, sie seien eher stressig als ermüdend. Nehmen Sie Ihr Tier in den Arm und vermitteln Sie ihm in solchen Augenblicken das Gefühl von Sicherheit. Es wird helfen. Und Ihr Hund wird es ihnen mit tausendfacher Liebe zurückzahlen.

Doch egal, was Sie in der Hausapotheke haben, es erspart Ihnen im Zweifelsfall nicht den Gang zum Tierarzt. Wenn Sie sich unwohl bei den gezeigten Symptomen Ihres Tieres fühlen oder einfach das Gefühl haben, es sei besser, einen Arzt zu konsultieren, dann machen Sie das! Der Tierarzt hat immer die bessere Fachkenntnis, oftmals jahrelange Erfahrung und vielfältige Möglichkeiten unterschiedlichster Diagnoseverfahren.

Zecken

Beim Entfernen von Zecken ist es allerdings tatsächlich nicht notwendig, jedesmal einen Tierarzt aufzusuchen. Die können Sie auch alleine entfernen. Auch eine Borrelioseimpfung ist nicht unbedingt erforderlich, solange Sie Ihren Hund im Blick haben und ihn im Frühjahr und Sommer täglich auf Zecken kontrollieren. Sollten Sie eine finden, nützt die klassische Zeckenzange meist wenig. Mal davon abgesehen, dass man sie selten mit sich herumträgt. Ich persönlich halte sie sogar für herausgeschmissenes Geld. Viele Zecken, vor allem, wenn sie gerade erst zugebissen haben, lassen sich mit einer Zeckenzange nicht greifen. Eine feine Pinzette ist absolut ausreichend. Sollte die Zecke sich schon etwas vollgesogen haben, dann fungieren auch die Fingernägel wunderbar als Zeckenzange: an der Haut angesetzt und ohne die Zecke zu zerquetschen - einfach abdrehen, egal wie rum. So mache ich das bei meinen Hunden.

Die Substanz, die für andere Lebewesen giftig ist und unter anderem auch die gefährliche Borreliose auslöst, wird erst von der Zecke injiziert, wenn sie sich komplett vollgesogen hat, unmittelbar bevor sie abfällt. Das dauert unter Umständen mehr als 24 Stunden. Wenn Sie Ihren Liebling also abends oder auch zwischendurch bekuscheln, dann werden Sie fühlen, wenn er eine Zecke hat. Greifen Sie zu und ziehen Sie sie einfach heraus. Selbst wenn etwas in der Haut des Bolonkas stecken bleibt, keine Panik! Das sondert sich von alleine ab, vertrocknet und fällt heraus.

Wie hebe ich einen Hund hoch?

Ein häufiger Fehler, der beim Hochheben kleiner Hunde gemacht wird, ist das Anfassen und Hochziehen an den Vorderbeinchen, die sie uns entgegenstrecken, wenn sie auf den Arm oder den Schoß wollen. Doch da der Hund kein Schlüsselbein besitzt wie wir, kann man auf diese Art ganz schnell die Gelenke ausrenken und dem Tier wehtun. Besser ist es, Sie fassen unter den Hund oder stützen den Kleinen von hinten, während Sie ihm vorne an den Beinchen Halt geben. Auf diese Weise können Sie das kleine Zarenhündchen nicht aus Versehen verletzen und das Kuscheln kann unbeschadet losgehen.

Heilende Hände

Die Macht der Berührung ist nicht zu unterschätzen. Wie eingangs schon erwähnt, sind Berührungen lebenswichtig. Und das nicht nur im philosophischen und poetischen Sinne, sondern auch im ganz praktischen. Die heutige Medizin weiß, dass das Immunsystem und die Selbstheilungskräfte durch liebevolle Berührungen der Haut aktiviert und unterstützt werden. Menschen, die täglich liebevoll berührt werden, sind nachweislich gesünder und ihre Gesundheit stabiler. Kinder, die gestreichelt werden, wenn sie Schmerzen haben, erfahren schneller Linderung als Kinder, bei denen dies nicht der Fall ist. Das hat mehrere Gründe, von denen noch nicht alle vollkommen erforscht sind. Doch einer der bekannten Gründe ist: Die Sensoren im Gehirn, die zarte Berührungen melden, überlagern solche, die für tiefsitzenden Schmerz zuständig sind. So kommt zum Beispiel das Phänomen zustande, dass Mama pustet, und das Knie, das gerade noch vom Hinfallen wehtat, ist wieder in Ordnung.

Streicheln Sie Ihren Hund. Gehen Sie liebevoll mit ihm um. Nehmen Sie Ihr kleines Zarenhündchen auf den Arm oder auf den Schoß, berühren Sie es zärtlich. Egal, ob im Alltäglichen, zur Unterstützung von Genesungsprozessen oder als Erstversorgung bei Unfällen, auf dem Weg zum Arzt oder in eine Klinik - es wird helfen. Ein Tier, das sich geliebt fühlt und diese Liebe auch spürt, wird lebenslustiger, vitaler und stärker sein als eines, das auf diese wundervolle Gabe des Menschen verzichten muss. In solchen Momenten und in diesem Sinne wird schließlich jede Hand zur heilenden Hand.

Habe niemals - NIEMALS - Angst davor,
das Richtige zu tun! -
Vor allem dann nicht,
wenn das Wohlergehen eines Menschen
oder eines Tieres auf dem Spiel steht.
Die Achtung der Gesellschaft ist nichts gegen die Wunden,
die wir unserer Seele zufügen,
wenn wir wegschauen.

(Martin Luther King)

Samira aus dem Alten Jagdhaus
November 2014

Die 10 Bitten eines Hundes an den Menschen

Mein Leben dauert 12 bis 14 Jahre oder länger. Jede Trennung von Dir wird für mich Leiden bedeuten. Bedenke das, ehe Du mich anschaffst.

Lass uns beiden Zeit, uns kennen zu lernen und uns zu verstehen; werde nicht ungeduldig, wenn Du etwas von mir verlangst, was ich noch nicht kenne oder weiß!
Habe Vertrauen zu mir, denn davon lebe ich, weil ich Dir vertraue. Du bist alles was ich habe, für Dich würde ich mein Leben geben!

Zürne mir nie lange und sperr mich nie zur Strafe ein! Du hast Deine Arbeit, Dein Vergnügen, Deine Freunde - ich habe nur Dich!

Sprich mit mir! Wenn ich auch die Worte nicht verstehe, so doch die Stimme, die sich an mich wendet. Doch schreie niemals mit mir!

Wisse: Wie immer an mir gehandelt wird - ich vergesse es nie! Trotzdem halte ich zu Dir. Ich stehe zu Dir in guten und in schlechten Tagen, denn Du bist mein einziger Freund.

Bedenke, ehe Du mich schlägst, dass meine Kiefer zerbrechlich und mein Knochengerüst zart ist. Ich fühle Schmerz genau wie du, darum bitte ich dich, mich nicht zu verletzten!

Schimpfe nicht mit mir! Sage nicht, ich sei bockig, faul oder falsch. Denke in solchen Fällen vielmehr darüber nach, ob ich das richtige Futter habe, ob ich durstig bin, ob ich vielleicht krank bin? Oder ob ich bereits alt bin und mein Herz, das nur für Dich schlägt, nicht schon verbraucht ist? Es gibt viele Gründe. Vergiss das nie!

Wenn ich einmal alt werde, kümmere Dich besonders um mich! Auch du wirst einmal alt und brauchst dann vielleicht jemanden ...

Gehe jeden Gang mit mir, besonders den letzten! Sage dann nicht: ich kann nicht. Ich liebe Dich bis zu meinem letzten Atemzug, bis meine Augen sich schließen. Ich gehe getröstet von dieser Welt, wenn ich deine Hand in meiner letzten Stunde spüre und sie mich zärtlich streichelt und wenn ich Deine leise Stimme höre, die sanft mit mir spricht. Nur dann wird der Abschied erträglich sein!

Anique von der Reyer Windmühle
Zuchthündin aus dem Alten Jagdhaus
Mai 2016

Verantwortung

Auch wenn ich immer betone, dass ich der Meinung bin, ein Tier sollte sich frei entfalten können und in seinem individuellen Charakter und einmaligen Wesen nicht beschnitten werden, so gibt es dennoch Pflichten von uns Menschen den Tieren gegenüber: die Verantwortung. Und die beginnt nicht erst mit der Aufnahme eines Tieres, sondern schon beim Kauf.

Achten Sie ganz besonders darauf, *wo* das Tier herkommt, das Sie zu sich nehmen. Überlegen Sie sich gut, ob die Anschaffung eines Tieres das Richtige ist, um Geld zu sparen. Denn Billiganbieter gibt es viele; wenn jedoch ein kleiner Rassehund zu Billigstpreisen abgegeben wird, hat das immer ganz bestimmte Gründe.

Im Netz kursiert eine Geschichte, welche die Runde gemacht hat, auf vielen Hundeseiten zu finden und unter den Hundekennern sehr bekannt ist. Ein wenig Berühmtheit hat sie schon erlangt, denn sie erzählt, was passiert, wenn man seiner Verantwortung nicht gerecht wird.

Die Geschichte von Lea

Ich weiß nicht mehr viel von dem Ort, wo ich geboren wurde. Es war eng und dunkel und nie spielte ein Mensch mit uns. Ich erinnere mich noch an Mama und ihr weiches Fell, aber sie war oft krank und sehr dünn. Sie hat nur wenig Milch für mich, meine Brüder und Schwestern gehabt. Die meisten von ihnen sind plötzlich gestorben.

Als sie mich von meiner Mutter wegnehmen, habe ich furchtbare Angst und bin so traurig. Meine Milchzähne sind kaum durchgestoßen und ich hätte meine Mama doch noch so sehr gebraucht. Arme Mama, es geht ihr so schlecht. Die Menschen sagen, dass sie jetzt endlich Geld wollen und dass ihnen das Geschrei meiner Schwester und mir auf die Nerven geht. So werden wir eines Tages in eine dunkle Kiste gesteckt und fortgebracht. Wir kuscheln uns aneinander und fühlen, wie wir beide zittern - ohnmächtig vor Angst. Niemand kommt, um uns zu trösten.

All diese seltsamen Geräusche und dann noch die Gerüche... Wir sind in einem "Petshop" angekommen, einem Laden, wo es viele verschiedene Tiere zu kaufen gibt. Einige miauen, andere piepsen, einige pfeifen. Wir hören auch das Wimmern von anderen Welpen. Meine Schwester und ich drücken uns eng aneinander in dem viel zu kleinen Käfig. Manchmal kommen Menschen uns anschauen, oft ganz kleine Menschen, die sehr fröhlich aussehen, als wollten sie mit uns spielen.

Tag für Tag verbringen wir in unserem kleinen Käfig. Manchmal packt uns jemand und hebt uns hoch, um uns zu begutachten. Einige sind freundlich und streicheln uns, andere sind grob und tun uns weh. Oft hören wir "Oh, sind die süß, ich will einen!", aber dann gehen die Leute wieder fort.

Eines Nachts ist meine Schwester gestorben. Ich habe meinen Kopf an ihr weiches Fell gelegt und gespürt, wie das Leben aus dem dünnen Körperchen gewichen ist. Als sie mein totes Schwesterchen am Morgen aus dem Käfig nehmen, sagen sie, sie sei krank gewesen, und ich sollte nun verbilligt abgegeben werden, damit ich recht bald wegkomme. Niemand beachtet mein leises Weinen, als mein kleines Schwesterchen weggeworfen wird.

Heute ist eine Familie gekommen und hat mich gekauft! Jetzt wird alles gut! Es sind sehr nette Leute, die sich tatsächlich für MICH entschieden haben. Sie haben gutes Futter und einen schönen Napf dabei und das kleine Mädchen trägt mich ganz zärtlich auf den Armen. Ihre Eltern sagen, ich sei ein ganz süßes und braves Hündchen. Ich heiße jetzt Lea. Ich darf meine neue Familie sogar abschlabbern, das ist wunderbar! Sie lehren mich freundlich, was ich tun darf und was nicht, passen gut auf mich auf, geben mir herrliches Essen und viel, viel Liebe. Nichts will ich mehr, als diesen wunderbaren Menschen gefallen und nichts ist schöner, als mit dem kleinen Mädchen herumzutollen und zu spielen.

Erster Besuch beim Tierarzt. Es ist ein seltsamer Ort, mich schaudert. Ich bekomme einige Spritzen. Meine beste Freundin, das kleine Mädchen, hält mich sanft und sagt, es wäre ok, da entspanne ich mich. Der Tierarzt scheint meinen geliebten Menschen traurige Worte zu sagen, sie sehen ganz bestürzt aus. Ich höre etwas von schweren Mängeln und von Dysplasie E und von Herz zwei. Er spricht von wilden Züchtern und dass meine Eltern nie gesundheitlich getestet worden seien. Ich begreife nichts von alledem, aber es ist furchtbar, meine Familie so traurig zu sehen.

Jetzt bin ich sechs Monate alt. Meine gleichaltrigen Artgenossen sind wild und stark, aber mir tut jede Bewegung schrecklich weh. Die Schmerzen gehen nie weg. Außerdem kriege ich gleich Atemnot, wenn ich nur ein wenig mit dem kleinen Mädchen spielen will. Ich möchte so gerne ein kräftiger Hund sein, aber ich schaffe es einfach nicht. Vater und Mutter sprechen über mich. Es bricht mir das Herz, alle so traurig zu sehen. In der Zwischenzeit war ich oft beim Tierarzt, und immer hieß es "genetisch" und "nichts machen". Ich möchte draußen in der warmen Sonne mit meiner Familie spielen, möchte rennen und hüpfen. Es geht nicht. Letzte Nacht war es schlimmer als jemals zuvor. Ich konnte nicht einmal mehr aufstehen, um zu trinken, und nur noch schreien vor Schmerzen.

Sie tragen mich ins Auto. Alle weinen. Sie sind so seltsam. Was ist los? War ich böse? Sind sie am Ende böse auf mich? Nein, nein, sie liebkosen mich ja so zärtlich. Ach, wenn nur diese Schmerzen aufhörten! Ich kann nicht mal die Tränen vom Gesicht des kleinen Mädchens ablecken, aber wenigstens erreiche ich ihre Hand.

Der Tisch beim Tierarzt ist kalt. Ich habe Angst. Die Menschen weinen in mein Fell. Ich fühle, wie sehr sie mich lieben. Mit Mühe schaffe ich es, ihre Hand zu lecken. Der Tierarzt nimmt sich heute viel Zeit und ist sehr freundlich, und ich empfinde etwas weniger Schmerzen. Das kleine Mädchen hält mich ganz sanft, ein kleiner Stich ... Gott sei Dank, der Schmerz geht zurück. Ich fühle tiefen Frieden und Dankbarkeit.

Ein Traum: Ich sehe meine Mama, meine Brüder und Schwestern auf einer großen grünen Wiese. Sie rufen mir zu, dass es dort keine Schmerzen gibt, nur Friede und Glück. So sage ich meiner Menschenfamilie "Auf Wiedersehen!" auf die einzige mir mögliche Weise: Mit einem sanften Wedeln und einem kleinen Schnuffeln. Viele glückliche Jahre wollte ich mit euch verbringen. Es hat nicht sein sollen. Statt dessen habe ich euch so viel Kummer gemacht. Es tut mir Leid. Ich war halt nur Händlerware.

Lea ©1999 J. Ellis - bewilligte Übersetzung von E. Wittwer

Serafina aus dem Alten Jagdhaus
April 2013

Der Tag mag kommen,
an dem der Rest der belebten Schöpfung
jene Rechte erwerben wird,
die nur von Hand der Tyrannei vorenthalten werden können.
Die Franzosen haben bereits entdeckt,
dass die Schwärze der Haut kein Grund ist,
ein hilfloses Wesen der Laune eines Peinigers auszuliefern.
Vielleicht wird eines Tages erkannt werden,
dass die Anzahl der Beine,
die Behaarung der Haut oder die Endung des Kreuzbeins
ebensowenig Gründe dafür sind,
ein empfindendes Wesen seinem Schicksal zu überlassen.
Was sonst sollte die unüberschreitbare Linie ausmachen?
Ist es die Fähigkeit des Verstandes
oder vielleicht die Fähigkeit der Rede, der Sprache?
Ein voll ausgewachsenes Pferd oder ein Hund
sind ungleich verständiger und mitteilsamer als ein Säugling.
Doch selbst wenn es anders wäre, was würde das ausmachen?
Die Frage ist nicht:
Können sie denken? Können sie sprechen?
Sondern:
Können sie leiden?

(Jeremy Bentham, Sozialreformer 1789)

Für das Kaufen bei Billiganbietern, für sogenannte 'Kofferraumverkäufe', für Hundeverkäufe auf Polenmärkten, für angebliche Züchter, die nicht bereit sind, Ihnen ihre Zuchtstätte zugänglich zu machen, geschweige denn zu nennen oder für Züchter, welche die Abstammung der Welpen gar nicht kennen, gilt ein- und derselbe Grundsatz: FINGER WEG!!!!!

Überlegen Sie sich gut, woher Sie Ihr Tier holen. Die Züchter *müssen* Ihnen die Elterntiere nennen und auch zeigen können. Die Zuchtstätte *muss* zugänglich sein. Der Züchter *muss* sich Zeit für Sie nehmen und Ihnen alle Fragen zu Gesundheit, Aufzucht und Pflege beantworten können. Lassen Sie sich niemals abspeisen! Ein Hundeverkäufer, der sich weigert, Ihnen Auskunft zu geben, ist kein seriöser Züchter sondern nur ein Verkäufer, der seine Waren an den Mann bringen will.

Normalerweise haben gute Zuchtstätten immer eine Internetseite im Netz, wo alle Tiere, mit denen sie arbeiten, aufgeführt sind. Und eine seriöse Aufzucht kostet viel Zeit, Geduld und Geld. Der Preis für einen kleinen Rassehund mit Papieren, das heißt mit einem Ahnenpass, dem sogenannten Abstammungsnachweis, ist durchaus gerechtfertigt. Und es lohnt sich, dieses Geld zu investieren. Nicht nur, um sich selbst zu schützen, sondern auch die Tiere, die nicht zu Waren verkümmern dürfen, sondern immer Lebewesen sind, die geschätzt und geachtet werden sollen und müssen.

Wo keine Liebe ist,
kann sich kein wirkliches Verantwortungsgefühl entwickeln,
keine echte Fürsorge,
und beide sind unverzichtbar.

(die Mönche von New Skete)

Die Verantwortung endet natürlich nicht beim Kauf, sondern fängt hier eigentlich erst an. Der kleine Zarenhund Bolonka Zwetna, hübsch wie er aussieht, ist weder ein Accessoire, mit dem man seine Wohnung schmückt - obwohl dieser Hund natürlich auf jeder Couch außerordentlich dekorativ wirkt - und auch kein Sachgegenstand, sondern braucht Zuwendung und Liebe *des* Menschen, der sich für ihn entschieden hat.

Auch wenn diese Tiere nicht sprechen können, so ist es doch wichtig zu versuchen, sie so gut es geht zu verstehen und sie samt ihren tiefsten Bedürfnissen zu erfassen. Penelope Smith schrieb dazu in ihrem Buch 'Gespräche mit Tieren': 'Ist Ihnen vielleicht schon einmal aufgefallen, wie verzweifelt ein unverstandener und nicht anerkannter Mensch mit allen Mitteln versucht, Ihnen dennoch seine Botschaft zu übermitteln oder Beweise aufzuführen? Lebewesen aller Art meinen es meistens gut, wenn sie sich darum bemühen, angehört und verstanden zu werden. Ihre Art, sich auszudrücken, kann verzweifelte oder merkwürdige Züge annehmen, wenn sie zu lange ignoriert oder zu oft zurückgewiesen werden.' (12)

Wenn Sie Ihr Tier ignorieren oder durch Gewaltanwendung und Schmerzzufügung unbedingten Gehorsam erzwingen, kann es sein, dass dieses Tier schon allein deswegen abnorme Verhaltensweisen entwickelt. Damit versucht es verzweifelt, sich Gehör zu verschaffen.

Darum: schauen Sie hin! Seien sie aufmerksam. Natürlich kann man dem Tier nicht jeden Wunsch von den Augen ablesen und ihm immer alles recht machen. Schließlich kann sich nicht das gesamte Leben um den Hund drehen. Meine Kleinen sind auch nicht immer begeistert, wenn ich sie frisieren muss, ihnen die Krallen schneide oder sie im Auto statt vorne auf dem Schoß, hinten auf der Rückbank sitzen müssen. Angeschnallt. Ihrer Meinung nach grenzt das an Tierquälerei!

Doch tendenziell sollte das Zusammenleben mit einem kleinen Zarenhündchen ein 'Miteinander' sein und nicht ein Verhältnis vom Herren zum Untergebenen. Diese Hunderasse braucht keine harte Hand. Diese Hunderasse braucht Frieden und Zuneigung. Dann werden die kleinen Zarenhündchen folgen und auch folgsam sein, ohne dass vorhergehende Strenge oder erzieherische Maßnahmen im herkömmlichen Sinne notwendig sind.

Ilay aus dem Alten Jagdhaus
August 2017

Am Anfang der Genesis steht geschrieben,
dass Gott den Menschen geschaffen hat,
damit er über Gefieder, Fische und Getier herrsche.
Die Genesis ist allerdings von einem Menschen geschrieben
und nicht von einem Pferd.
Es gibt keine Gewissheit,
dass Gott den Menschen die Herrschaft
über die anderen Lebewesen tatsächlich anvertraut hat.
Viel wahrscheinlicher ist,
dass der Mensch sich Gott ausgedacht hat,
um die Herrschaft, die er an sich gerissen hat,
über Kuh und Pferd,
heilig zu sprechen.
Jawohl - das Recht,
einen Hirsch oder eine Kuh zu töten,
ist das einzige,
worin die ganze Menschheit einhellig übereinstimmt.
Sogar während der blutigsten Kriege.

(Milan Kundera, aus seinem Roman
'Die unerträgliche Leichtigkeit des Seins')

Stille

Was hat Stille mit dem Bolonka zu tun? Wo es doch so verschmuste und verspielte Schoßhunde sind?
Stille hat nicht explizit mit dem Bolonka, sondern mit Tieren im Allgemeinen zu tun. Wir leben in einer Zeit, in der wir uns permanent zudröhnen, ob mit lauten Radios oder dem ständig laufenden Fernseher. Die Städte sind erfüllt von ununterbrochenen Motorengeräuschen und die Haushalte mit Technik aller Art. Der Gipfel der Entfremdung ist der Glaube, dass Tiere eine Geräuschkulisse brauchen, wenn sie alleine sind. Kaum ein Irrtum könnte größer sein als dieser.
Geräusche, Gerede, Musik - all das entspricht weder der Tierwelt noch der Natur, den Landschaften, den Wäldern, Wiesen oder Meeren. Es ist die Stille, welche die Tiere auf ihrem Weg begleitet und ihnen vertraut und verwandt ist. Kaum jemand hätte dies schöner ausdrücken können, als der Kulturphilosoph Max Picard in seinem Essay 'Die Welt der Stille':

'Tiere sind Geschöpfe, die Stille in die Welt des Menschen und der Sprache bringen und immer Stille vor dem Menschen niederlegen. Viele Dinge, die von den Worten des Menschen in Unordnung gebracht wurden, werden durch die Stille der Tiere wieder beruhigt. Tiere bewegen sich wie eine Karawane der Stille durch die Welt.
Eine ganze Welt, die Welt der Natur und der Tiere, ist voller Stille. Natur und Tiere scheinen Erhöhungen - der Stille gleich. Die Stille der Tiere und die Stille der Natur würde nicht so groß und erhaben sein, wäre sie lediglich Sprachlosigkeit. Doch ihre Stille ist den Tieren und der Natur als etwas anvertraut worden, das um seiner selbst willen geschaffen wurde.'

Zwingen Sie den Tieren keine ununterbrochene Geräuschkulisse auf; vor allem dann nicht, wenn Sie nicht zu Hause sind. Tiere können krank werden, wenn sie andauernd mit digitalem Klang beschallt werden. Auch wenn sich unsere Radio- und Fernsehsender nicht für jeden wie Krach anhören, so doch für viele Tiere. Verschonen Sie Ihren Hund damit! Nicht, dass Sie keine Geräte laufen lassen sollen, wenn Ihr Tier anwesend ist. Es soll weder das Tier der Sklave des Menschen noch der Mensch Sklave des Tieres sein. Aber gönnen Sie ihm ab und zu die Stille, die seiner Natur entspricht. Und wenn Ihr Tier doch einmal allein sein muss, dann erlauben Sie ihm, sich in seiner natürlichsten Umgebung, der Stille, aufzuhalten.

Vielleicht lassen Sie sich ja von Zeit zu Zeit einmal auf die Welt Ihres Hundes ein und beginnen, auch einmal in die Stille hineinzuhören?

Allein die Anwesenheit von Tieren kann sehr inspirierend wirken und die Botschaft ihres reinen Wesens erfasst man am besten, wenn man sich erlaubt, an ihrer Welt teil zu haben. Und die Stille, die sie mitbringen und die ihrem wahren Wesen entspricht, kann uns eine Klarheit und innere Ruhe vermitteln, die wir mit all unseren Worten niemals zu finden im Stande sein werden.

Hunde sind unsere Verbindung zum Paradies.
Sie kennen weder das Böse, den Neid oder die Unzufriedenheit.
An einem wundervollen Nachmittag
mit einem Hund
draußen in der Natur einfach dazusitzen
ist wie die Rückkehr nach Eden,
wo Nichtstun keine Langeweile bedeutete
sondern Frieden.

(Milan Kundera, tschechisch-französischer Schriftsteller)

Tiere als Therapie

Das Tier wirkt heilend, denn es stellt uns nicht in Frage. Der Hund, der den Menschen über alles liebt und ihn zu seinem Wesen auserkoren hat, nimmt uns in jedem Augenblick unseres Daseins vollkommen so an, wie wir sind. Er kritisiert uns nicht. Er streitet sich nicht mit uns, sondern ist immer darauf bedacht, mit uns im Frieden zu leben und uns zu gefallen.

'Zu den liebenswertesten Merkmalen vieler Tiere zählen ihr Wunsch zu dienen und einen Zweck zu erfüllen. Sie helfen der Menschheit mit Hingabe und Treue. Sie geben Liebe und lassen sich lieben. Sie akzeptieren Sie, wie Sie eben sind.' (Penelope Smith)

Es ist herzerwärmend zu sehen, wie sehnsuchtsvoll der kleine Bolonka einem nachschaut, wenn man das Haus verlassen muss und er zurückbleibt. Es ist belebend zu erleben, wie groß und überschwänglich seine Freude ist, kommt sein geliebter Mensch zurück und er kann wieder bei ihm sein.

Forscher haben herausgefunden, dass Menschen, die sich einem Hund sehr verbunden fühlen, nicht nur kontaktfreudiger und verantwortungsbewusster sind, sondern auch eine höhere Bereitschaft zeigen, auf ihren Gesprächspartner einzugehen und Konflikte friedlich zu lösen. Kinder, die mit Hunden im Haus aufwachsen, zeigen mehr Einfühlungsvermögen und ein höheres Maß an Mitgefühl. Die Fähigkeit zu nonverbaler Kommunikation ist ausgeprägter; sie können die Bedürfnisse anderer besser erfassen.

'Tiere helfen dem Menschen, mentale und körperliche Verkrampfungen zu lösen. Sie stabilisieren nachweisbar den Blutdruck, wenn man sie streichelt und sie in den Arm nimmt. Aggressionen werden schneller abgebaut, Trauer und Lebensangst werden schneller verarbeitet. All dies, weil wir dem Tier auf rein gefühlsmäßiger Ebene begegnen.' (13)

Es gibt verschiedene Arten, wie Tiere therapeutisch eingesetzt werden. Bekannt sind die Reittherapie, das Schwimmen mit Delphinen, der Blindenhund. Man hat sogar herausgefunden, dass Hunde riechen können, wenn sich bei einem Epileptiker kurz vor einem Anfall der Schweißgeruch leicht verändert und sind darauf abgerichtet, anzuschlagen und ihren Herrn in Sicherheit zu bringen. Doch es braucht kein voll ausgebildetes Tier, um therapeutische Wirkung auf Geist und Seele zu haben. Ein liebendes Tier zu Hause auf dem Sofa, das uns braucht und von uns versorgt werden muss, hat einen dauerhaft heilenden Einfluss auf unsere Seele. Die Zeitschrift Geo beschrieb in ihrem Artikel mit der Überschrift 'Berührt, verführt' die Wirkung vom Tier auf den Menschen:

'Der Impuls, ein Fell zu streicheln, Federn zu glätten, ein hilfloses Wesen zu beschützen, stellt den Schlüssel zur Selbstheilung dar.' In diesem Sinne haben nicht nur Sie Ihrem Hund viel zu geben, sondern Ihr Hund auch Ihnen. Die Mühen der Aufzucht, der Pflege und der Fürsorge werden tausendfach zurückgegeben und jede Art der Zuwendung an Ihren kleinen Zarenhund lohnt sich - für alle Beteiligten.

Ich fand heraus,
dass einem in tiefem Kummer
von der tiefen und hingebungsvollen
Kameradschaft eines Hundes
Kräfte zufließen,
die einem keine andere Quelle spendet.

(Doris Day, Schauspielerin, Sängerin)

Tymmi aus dem Alten Jagdhaus
September 2015

111

Schlusswort

Es gibt viele Formen der Therapie, viele Arten der Meditation und unzählige Möglichkeiten, an und mit sich zu arbeiten. Der Markt ist voller Bücher, die uns helfen sollen, uns selbst besser zu verstehen und uns zu finden. Viele von uns sind auf der Suche nach wahrem inneren Frieden und echter Selbstliebe, mit der wir Menschen uns nicht selten schwer tun. Wie viele Philosophen haben die Suche und das Leiden der Menschen beschrieben? Wie viele Ratgeber haben sich mit der Suche nach dem Glück befasst? Und wie viele heilige Schriften aus aller Welt beschreiben, wie man zur Liebe findet und in der Liebe bleibt? Doch wer wirklich wissen will, was es bedeutet, zu lieben und geliebt zu werden, der kaufe sich einen Hund. Denn besser als jede spirituelle Praxis, jede Meditation, jeder Ratgeber, jede Philosophie und alle menschlichen Worte ist die Anwesenheit eines Wesens, das uns in jedem Augenblick rückhaltlos zugewandt ist und uns auch in jenen Momenten voller Liebe annimmt, in denen wir es nicht vermögen.

Mona aus dem Alten Jagdhaus
In ewiger Erinnerung
Bleistiftzeichnung April 2014

Serafina aus dem Alten Jagdhaus
Bleistiftzeichnung Mai 2014

*Ganze Weltalter voll Liebe
werden notwendig sein,
um den Tieren ihre Dienste
an uns zu vergelten.*

(Christian Morgenstern)

Antonia Katharina Tessnow
aus dem Alten Jagdhaus
Juni 2017

Über die Autorin:

Antonia Katharina, geboren 1975 in Berlin, absolvierte nach Beenden der Schule ihren High-School-Abschluss in den USA. Nach einem einjährigen USA-Aufenthalt kehrte sie nach Deutschland zurück und arbeitete viele Jahre hauptberuflich als Berufsreiterin. Mit 22 wechselte sie in einen Sportstall nach Schleswig-Holstein, in dem sie sich auf die Dressur spezialisierte und Pferde aller Klassen trainierte und ausbildete. Mit 24 wechselte sie ins Berliner Olympiastadion und arbeitete dort 6 Jahre als Landesverbandstrainerin des modernen Fünfkampfes in der Disziplin Springreiten. Berufsbegleitend studierte sie Heilpraktik, Tierheilpraktik und ganzheitliche Psychologie und besuchte eine dreijährige Fortbildung am Institut für Emotionale Prozessarbeit.

Mit 30 verließ sie den Reitsport, ging an eine Uniklinik nach Sri Lanka und erwarb dort ihre internationale Heilerlaubnis. Es folgten 3 Jahre, in denen sie zwischen Indien und den USA hin- und herpendelte, psychoenergetische Sitzungen und Rückführungen in frühere Leben leitete und sich weiterbildete.

Antonia Katharina ist Doctor of Holistic Medicine und Psychology, hat sich umfassend mit alternativen Heilweisen befasst, wozu auch der therapeutische Einsatz von Musik gehört und besuchte Kurse von dem führenden Reinkarnationstherapeuten Trutz Hardo. Im Laufe ihres Indienaufenthaltes spezialisierte sie sich auf psychoenergetische und musikalische Heilarbeit, Reinkarnationstherapie und Pflanzenheilkunde.

Seit 2009 lebt sie wieder in Deutschland und widmet sich seitdem nicht nur ihrer künstlerischen, heilpraktischen und schriftstellerischen Arbeit, sondern setzt sich auch intensiv mit dem Thema Hunde auseinander - vorrangig der Rasse Bolonka Zwetna.

Neben dem Schreiben von Büchern, dem Gestalten von Tierbildern und ihrer heilenergetischen Arbeit, die sie seitdem weiter vertiefte, absolvierte sie eine Zusatzausbildung zur Hundefriseurin und besuchte diverse Weiterbildungen zum Thema Haltung, Zucht und Tierkunde. Heute lebt Antonia Katharina am Rande eines Dorfes in Mecklenburg-Vorpommern und betreibt die kleine Rassehundezucht der 'Zarenhunde aus dem Alten Jagdhaus'.

***

Webseite der Autorin:

www.antonia-katharina.de

***

Webseite der Hundezucht:

rund-um-hunde.jimdo.com

***

Webseite des Alten Jagdhauses:

altes-jagdhaus.jimdo.com

***

Quellenverzeichnis

(1) www.hundeschule-löhne.de - über Kynologie

(2) wikipedia.de/kynologie

(3) bolonka-zwatna-freunde.de

(4) Katzen würden Mäuse kaufen, Schwarzbuch Tierfutter by Hans-Ulrich Grimm

(5) Die Botschaft der Tiere, der Weg zurück zu uns selbst, ein Wegweiser durch unsere Zeit by Antonia Katharina Tessnow

(6) Heilsame Öle by Dr. Roland Lüthi und Doris Iding

(7) Das Seelenleben der Tiere by Peter Wohlleben

(8) HAIR - Alles über alternative Haarpflege by Antonia Katharina Tessnow

(9) Youtube-Channel von Antonia Katharina aus dem Alten Jagdhaus, Serie: Bolonka Zwetna Pflege

(10)Naturheilpraxis Hunde, Schnelle Selbsthilfe durch Homöopathie und Bachblüten by Petra Stein

(11) Bach-Blüten für Hund und Katz, Lernen mit Cartoons by Carolin Quast und Anja Jahn

(12) Gespräche mit Tieren by Penelope Smith

(13) Es ist doch nur ein Hund … Trauern um Tiere by Claudia Pilatus und Gisela Reinecke

Die Botschaft der Tiere

Der Weg zurück zu uns selbst

Ein Wegweiser durch unsere Zeit

Es ist ganz und gar möglich, den Weg nach Hause zu finden. Wir brauchen nicht zu warten, bis wir diese Welt verlassen und zurück in unsere Seelenheimat gehen, um in den ewigen Gefilden Frieden und Liebe zu erleben. Wir können uns unser Zuhause, das Paradies, auch hier auf der Erde, auf diesem Planeten erschaffen. Es ist tatsächlich möglich, uns in ein neues, anderes Bewusstsein hineinzuentwickeln, von dem nicht nur die heiligen Schriften und die Erleuchteten im Laufe unserer Erdgeschichte berichtet haben, sondern von dem uns auch die Tiere erzählen, indem sie es uns Tag für Tag vorleben.

Wir Menschen können noch umkehren. Wir müssen diese Welt nicht zerstören. Es muss nicht alles so weitergehen wie bisher. Es ist möglich, den Weg zurück ins Paradies zu finden, doch können ihn uns nur diejenigen weisen, die ihn kennen.

Wenn wir den Tieren erlauben, uns den Weg zu weisen, werden wir ihn finden. Wenn wir ihre Botschaft ernstnehmen, sie verinnerlichen und versuchen, sie zu entschlüsseln, werden wir sie verstehen. Die Tiere haben das Paradies nie verlassen. Wer, wenn nicht sie, könnten uns diesen Weg weisen?

122

Kommunikation mit Tieren

ein Essay

Tierkommunikation ist keine Kunst, die nur wenigen Auserwählten vorbehalten ist, sondern eine Fähigkeit, die in jedem von uns schlummert und uns allen innewohnt. Es ist nichts, was man lernen muss, sondern es ist etwas, woran man sich erinnern kann, wenn man dafür bereit ist. Dieses kleine Büchlein beschreibt in kurzen, aufeinander aufbauenden Abschnitten die Kommunikation mit Tieren. Es soll dabei helfen, sich an seine ursprünglichen Fähigkeiten zu erinnern und sie wieder nutzbar zu machen; es soll ein Wegweiser sein und zeigen, dass jede Begegnung eine Aufgabe für uns bereit hält, für die es immer eine Lösung gibt und an der wir wachsen können. Alles hat einen Sinn und es lohnt sich, darauf zu vertrauen. Selbst wenn wir ihn manchmal nicht gleich verstehen.

Textauszug: 'Jede Kommunikation ist individuell. Jede Verbindung, jedes Karma einmalig. Manchmal sind die Tiere überhaupt erst dafür da, um dem Menschen die gefühlte, intuitive Wahrnehmung und Kommunikation zu erschließen. Es ist ein Gewinn für alle, wenn der Mensch beginnt, eine Verbindung zu seinem Tier und damit zu sich selbst herzustellen, sich seinen Themen und deren Botschaften zu öffnen und von ihnen zu lernen. Wenn du dazu bereit bist, das Tier in seiner Ganzheit zu erkennen und als gleich-wertig zu schätzen, wenn du dich auf dein Ganz-Sein einlässt und dem Tier genauso erlaubst, es selbst zu sein, wie es das Tier dir erlaubt, dann entsteht wahre Verbundenheit. Wenn du über die weit verbreiteten Trainingsmethoden der Dominanz und der autoritären Kontrolle hinauswächst und dich dem tieferen Sinn einer Begegnung zuwendest, wenn du versuchst zu erkennen, was dein Gegenüber dir beibringen will, dann beginnt die Kommunikation mit deinem Tier.

Bolonka Zwetna Terminplaner

Ob Beagle, Yorkshire, Pudel oder Mops; Dackel, Terrier, Schnauzer oder Schoßhund - dieser Kalender spricht Kleinhunde aller Rassen an. Mit kurz umrissenen Themen sowie berührenden Hundehoroskopen gibt er nicht nur konstruktive Ratschläge zu den alltäglichen Bedürfnissen ihres Lieblings, sondern verleiht auch einen Einblick in die Seele und das innerste Lebenserlebnis dieser wundervollen Wesen, die ein jedes Leben um ein vielfaches bereichern.

Einführung: Jeder Mensch, der sich Hunden verbunden fühlt, spürt in sich meist auch eine tiefe Verbindung zur Natur, denn die Vierbeiner tragen einen großen Teil dazu bei, dass wir Hundemenschen uns viel draußen aufhalten, dem Wind und Wetter trotzen und auch unter widrigsten Umständen das Haus verlassen. Dieser Kalender soll dazu beitragen, dass sich das wunderbare Gefühl der Naturverbundenheit noch weiter vertieft. Aus diesem Grunde wird hier nicht nur auf die neu-christlichen, sondern auch auf die alten, keltischen Feiertage zurückgegriffen und damit auf uraltes Wissen, das aus einer Zeit hervorging, in der sich die Menschen noch als ein Teil der Natur wahrnahmen.
Des Weiteren sind die Mondstände in den einzelnen Zeichen angegeben, die Sonnenzeichen, d.h. die Sternzeichen, vermerkt und 12 kleine Themen umrissen. Es ist jeweils der genaue Tag des Übertritts der Sonne in das neue Zeichen angegeben, wie er in den Sternzeitberechnungen angegeben ist und der von Jahr zu Jahr ein klein wenig variieren kann. Möge dieser Kalender jedem Hundebegeisterten ein paar neue Einblicke geben, sowohl in den praktischen Umgang mit dem Hund, als auch in die Seele dieser wundervollen Wesen, die ein jedes Leben um ein vielfaches bereichern.

HAIR

Alles über alternative Haarpflege

HAIR - Alles über alternative Haarpflege, ist ein heilpraktisches Sachbuch. Es gibt in den einleitenden Kapiteln einen Überblick über die Inhaltsstoffe in herkömmlichen Shampoos und Duschgels und wie schädlich synthetisch hergestellte Chemikalien in der täglichen Anwendung auf Haut und Haaren sind. Des weiteren wird auf die Langzeitschäden eingegangen, die sich durch den dauerhaften und wiederholten Kontakt mit diesen Chemikalien ergeben können.

Der Hauptteil des Buches zeigt Alternativen zu herkömmlichen Produkten auf, die leicht umzusetzen und anzuwenden sind. Es wird auf komplizierte Anwendungstechniken verzichtet und ganz gezielt die Einfachheit der Methoden betont und in den jeweiligen Anwendungsbeschreibungen dargelegt. Alle alternativen Methoden zur Haut- und Haarreinigung sind von mir persönlich im Selbstversuch getestet, für jeden Interessierten leicht nachvollziehbar und die entsprechenden reinigenden Substanzen leicht erhältlich.
Im letzten Teil des Buches wird auf die Lebensweise, die Ernährung, Öle, Haarbürsten und Tipps und Tricks eingegangen, die langfristig und nachhaltig für gesunde und volle Haare sowie für gesunde, vitale und frische Haut sorgen.

Ziel dieses Buches ist es, das Bewusstsein für den Umgang mit unserem Körper, unserer Umwelt und damit unserer Gesundheit zu schärfen.

Madras

Zauber der Palmblätter

Die Palmblattbibliotheken: Tausende Jahre alt und bis heute ein ungelöstes Rätsel. Das Geheimnis dieses Ortes ist das Thema dieses Buches. Die Geschichte dreht sich um eines der größten Rätsel der Menschheit.

Eine Reise führte mich dort hin. Ich habe meine kleine Heimatstadt verlassen um der Sagenumwobenen Legende auf den Grund zu gehen, die besagt, dass dort alle Lebensgeschichten aller Menschen niedergeschrieben sind; allerdings nur von denjenigen, die sich aufmachen, um danach zu suchen.

Eben das habe ich getan.

Und dies ist es, was ich gefunden habe.

Dieses Buch
liegt in deutscher und englischer Fassung vor.

Menschen, die dieses Buch gelesen haben:

"Ein interessantes Buch. Wer will, findet die Antwort auf die Frage: Wie viele Leben hat ein Mensch?"
Günther Prinz, Publizist, ehemaliger Chefredakteur der 'Bild', Deutschland

"Da steht also mein ganzes Leben auf einem Palmenblatt in Madras. Dieses Buch hat mein Verständnis von Raum und Zeit grundlegend verändert."
Fritz Bloomberg, Ex-Vizepräsident Burda Media, New York

"Ein außergewöhnliches Lesevergnügen, das meine Sicht auf die Welt verändert hat."
Gregor Tessnow, Schriftsteller und Drehbuchautor

Kelten Kalender

Terminplaner
mit Baumkreis und Mondstand

jedes Jahr neu!

Das Keltentum ist seit jeher Quelle geistiger und seelischer Inspiration. Jeder, der sich zu der Geschichte, den Philosophien und der Lebensweise unserer Urahnen hingezogen fühlt, spürt in sich meist auch eine tiefe Verbundenheit mit der Natur. Immer mehr Menschen spüren eine große Sehnsucht nach eben dieser Verbundenheit, die über die Jahrhunderte hinweg, durch Überlagerung moderner Glaubenssätze, verloren ging.

Dieser Kalender soll dazu beitragen, dass das wunderbare Gefühl der Naturverbundenheit wieder zum Leben erwacht und sich weiter vertieft. Aus diesem Grund wird hier auf die alten keltischen Feiertage und den keltischen Baumkreis zurückgegriffen und damit auf uraltes Wissen, das aus einer Zeit hervorging, in der sich die Menschen noch als einen Teil der Natur wahrnahmen. Möge dieser Kalender ein wenig von dem alten, geheimnisvollen Wissen unserer Urahnen wachrufen und in unsere Erinnerung zurückholen; und wir damit in der Lage sein, das ursprüngliche Wissen unserer Vorväter, der Kelten, anzuzapfen.

Stille Nacht, Heilige Nacht

Erinnerungen an einen Heiligen Abend
in den letzten Tagen des zweiten Weltkriegs

eine Kurzgeschichte

Diese Geschichte
liegt in deutscher und Englischer Fassung vor.

Über das Buch:

1943. Es ist Weihnachten. Schon damals schrieben
Kinder Tagebücher, um die unfassbaren Erlebnisse,
die in Worten kaum wiederzugeben sind,
festzuhalten. Die ältere Schwester von Antonia
Katharinas Mutter ist neun Jahre alt, als sie durch ihre
kindlichen Augen die Ereignisse einer Nacht
beschreibt, die tiefe Eindrücke hinterlassen und
niemanden unberührt lassen. Eine wunderbare
Erinnerung daran, in was für friedlichen Zeiten wir
heute leben dürfen.

Über die Autorin:

Antonia Katharina Tessnow ist die Tochter einer
ehemals ostpreußischen Familie, die nach dem ersten
Weltkrieg nach Deutschland kam. Ihre Großeltern
ließen sich in Berlin nieder, mussten jedoch aus der
Stadt fliehen, nachdem ihr Wohnhaus im letzten Jahr
des zweiten Weltkrieges zerbombt und komplett
zerstört wurde. Viele Jahre später kehrten sie nach
Berlin zurück. Obwohl Antonia Katharina dort
geboren ist, fühlte sie sich in dieser Stadt jedoch nie
heimisch. Heute lebt sie auf dem Lande am Rande der
Mecklenburgischen Schweiz.

Tattoo – Laser – Cover Up

Wenn der Traum zum Albtraum wird

Sowohl das Tätowieren als auch das Lasern ist nicht nur ein Eingriff in deinen Körper, sondern auch in deine Persönlichkeit und dem daran gekoppelten Gefühl, dir selbst gegenüber. Tätowieren verändert einen Menschen; mitunter hat diese Veränderung weitreichende Folgen und hinterlässt tiefe Spuren in deiner Seele. Festzustellen, dass dir das langersehnte Tattoo nicht gefällt oder gar misslungen ist, ist zudem eine schmerzliche Erfahrung, für die es wenig Helfende und Mitfühlende gibt.

Dieses Büchlein soll nicht nur eine Hilfestellung für Betroffene sein, sondern auch die Gedanken derer anregen, die mit der Idee spielen, sich unter die Nadel zu legen. Nicht nur meine eigenen Erfahrungen rund um das Thema Tattoo – Laser – Cover Up sind hier offengelegt, sondern es wurde auch ein Blick in all die Seelenschmerzen und inneren Qualen gewährt, die mit solchen Erfahrungen verbunden sind.

Jede Krise enthält eine Chance, weswegen die Chinesen dafür ein und dasselbe Wort verwenden. Die Chancen dieser Krise sind die daraus entsprungenen, weiterführenden und sehr hilfreichen Gedanken sowie all die wichtigen Überlegungen zum Tätowieren allgemein, die dir hoffentlich helfen mögen und die du unbedingt anstellen solltest, *bevor* du eine Entscheidung triffst, die dich in jedem Fall für dein Leben zeichnen wird.

Astro Kalender

Planetenumlaufbahnen, Mondstände und Blanko-Chart für das eigene Horoskop

jedes Jahr neu!

Der Astro-Kalender dient als Wegweiser durch das Jahr und spricht nicht nur Astrologen, sondern auch alle Naturverbundenen an, die zu den Gezeiten und dem Umlauf der Gestirne eine Verbindung spüren. Somit dient dieser Kalender sowohl Hobby-, als auch professionellen Astrologen, die in ihrer Arbeit auf die Planetenstände und Sternzeitberechnungen der Ephemeriden zugreifen, als Leitfaden durch das Jahr. Zu Beginn ist ein Blanko-Radix eingefügt, um die persönlichen Sternstände oder ein entsprechendes Wunsch-Horoskop eintragen zu können. Weiterführend sind die Verläufe der einzelnen Planeten graphisch dargestellt und somit visuell auf einen Blick einsehbar. Zudem sind vor jedem Monat die entsprechenden Ephemeriden gelistet, sodass man den astronomischen Jahresverlauf immer bei sich hat. Der Übertritt der Sonne sowie des Mondes in die einzelnen Zeichen ist direkt an den entsprechenden Tagen im Kalender eingetragen. Möge dieser Kalender Hilfe und Erleichterung sein und all jenen nützen, die rund ums Jahr die planetarischen Einflüsse, denen wir unterworfen sind, im Blick haben möchten, um ihr Gespür auf diese Weise noch mehr zu verfeinern suchen und bisher auf umständliche Methoden der Sternzeitberechnungen zurückgreifen mussten.

Breakable - Zerbrechlich

Der Skandalroman aus Mecklenburg

Dieser Psychokrimi hat in der Region, in der es erschien, für so viel Wirbel gesorgt, dass sogar die Presse in die Geschichte eingestiegen ist. Anfeindungen, Intrigen und Klagen finden nicht nur im, sondern fanden auch um das Buch herum statt. Näheres ist einzulesen auf dem Blog

breakablezerbrechlich.wordpress.com

Klappentext:

Eine Frau aus der Stadt. Ein kleines Dorf. Eine alte Köhlerkate, traumhafte Umgebung und idyllische Umgebung. Nicolas Leben könnte nicht friedlicher sein. Eines Tages begegnet sie einem Bauern aus der Nachbarschaft. Es ist Liebe auf den ersten Blick. Als diese von dem Mann mit der unverwechselbaren Stimme auch noch erwidert wird, scheint ihre Welt perfekt.
Doch Nicolas Glück ist nur von kurzer Dauer. Trug und Lüge lauern hinter jeder Ecke. Gerade als sie beginnt, das Ausmaß des Bösen zu entdecken, tun sich Abgründe auf, in die sie niemals hätte schauen dürfen.

Nach einer wahren Begebenheit.

'In ihrem spannenden Roman voller überraschender Volten und psychologischer Abgründe begegnet der Leser Figuren, die er seit Langem zu kennen glaubt.'

Henrik Leschonski, Lektor

Winston

Eine Pferdebuch-Trilogie für Jugendliche

Da Antonia Katharina selbst viele Jahre als Berufsreiterin tätig war, greift sie hier auf einen langjährigen Erfahrungsschatz zurück und veranschaulicht die Welt der Pferde für jeden Leser so realistisch und wirklichkeitsnah, dass man meint, selbst am Geschehen Teil zu nehmen. Ein Pferdeleben, wie es authentischer nicht beschrieben werden kann.

Winston Band I

Ein Fohlen erblickt die Welt

'Da steht er nun. Seine Beine sind viel zu lang für seinen kleinen Körper. Er versucht sich mühsam in der Koordination seiner Bewegungen, die anfangs nur bedingt gelingen. Das Fohlen macht seine ersten Gehversuche und stakst dabei durch das Stroh wie ein Storch durch den Salat.

Es ist wackelig auf den Beinen. Das Neugeborene drückt seinen Körper fest an den seiner Mutter, um stehen zu bleiben und nicht umzukippen. Die Stute bleibt regungslos stehen und wartet, schaut ihr Fohlen an und wagt nicht, sich zu bewegen, sondern bietet mit ihrem großen, ausgewachsenen Körper dem Kleinen Stütze und Orientierung.'

Winston Band II

Die große Show

'Ich wünsche mir aus tiefstem Herzen, dass der Ort, an dem ich bin und alles andere mein Leben lang so bleiben wird wie in diesem Sommer. Das alte Gestüt, in all seiner Stille, entwickelte sich zum unvergesslichen Ort meiner Sehnsucht. Hier will ich sein. Hier gehöre ich her. Und in meinen stillen Augenblicken gibt es nichts, was mir fehlt.

Zwar weiß ich, dass es für die Menschen hier darum geht, Geld zu verdienen, Erfolg zu haben, die Pferde ordentlich auszubilden und teuer zu verkaufen. Doch für mich geht es um den Geruch von frischem Stroh, wenn ich morgens in den Stall komme; um das Glück, das mich durchströmt, wenn ich meine Fohlen auf die Weide lasse; um die Sehnsucht in Winstons Augen, um die warme Sommerluft an lauen Abenden und den unendlichen Frieden, der über den Weiden liegt.

So gingen die Tage ins Land. Alles verlief ruhig. Bis zu jenem Tag, als etwas geschah, was diese Stille durchbrach.'

Winston Band III

Nichts ist unmöglich

'Mein Winston. Niemals hätte ich gedacht, dass man so eine tiefe und innige Beziehung zu einem Pferd haben kann. Dass man sich mit einem Tier so gut verstehen, so klar die Gefühle und Gedanken des anderen erfassen kann; und das alles ohne Worte. Ja, dass man ein Zusammengehörigkeitsgefühl entwickeln kann und eine Nähe, wie das bei uns der Fall ist und das manche Menschen mit allen Worten der Welt niemals herzustellen in der Lage sein werden.'

Titelbild 1 - Mona Mustopf

Titelbild 2 - Serafina